Heinrich Nejedly

Kanuwandern
in Süddeutschland

30 ausgewählte Flüsse
in Bayern
und Baden-Württemberg

Dritte, durchgesehene
Auflage

BLV Verlagsgesellschaft
München Wien Zürich

CIP-Titelaufnahme der Deutschen Bibliothek

Nejedly, Heinrich:
Kanuwandern in Süddeutschland: 30 ausgew. Flüsse in Bayern u. Baden-Württemberg / Heinrich Nejedly. [Alle Fotos u. Flußverlaufskizzen vom Autor]. – 3., durchges. Aufl. – München; Wien; Zürich: BLV Verlagsgesellschaft, 1988
   ISBN 3-405-13027-1

Bildnachweis
Titelbild: Unter den Weinbergen der Mühlhausener Schleife an der Enz (Tour 21.).

Seite 2: Auf der sommerlichen Lauchert bei Jungnau (Tour 2).

Alle Fotos und Flußverlaufskizzen vom Autor.

© 1985 BLV Verlagsgesellschaft mbH, München 1988
8000 München 40

Satz und Druck: Appl, Wemding
Bindung: Großbuchbinderei Monheim

Printed in Germany
ISBN 3-405-13027-1

Dank
Für die großartige aktive Unterstützung bei der Arbeit an diesem Buch danke ich in erster Linie meiner Frau Mirka, die mich wochenlang im Boot »nach Drehbuch paddelnd« auf allen Flußwanderungen begleitete und geduldig meinen fotografischen Anweisungen folgte. Dank auch meinem Wanderfreund Alois Seewald, der die Texte auf ihre Richtigkeit überprüfte. Ebenso gebührt mein Dank allen Mitarbeitern eines kleinen Fotolabors, die meine zahlreichen Filme vorzüglich bearbeiteten, weiter den Mitgliedern des Kanuvereines in Sindelfingen und schließlich allen unbekannten Wanderfahrern, die mir, bewußt oder unbewußt, als Fotomotive dienten.

Erläuterung der Kartensymbole

	Wehr, Staudamm
x	Unbefahrbares Wehr mit Umtragestelle
	Befahrbares Wehr
	Wehr mit Floß- oder Bootsgasse
	Stromschnelle, Schwall
⚓ , ⚓ C	Zeltplatz, Campingplatz
	Kanal
! !!!	Vorsicht, Gefahr
◯	Ortschaft
A 9 B 12	Autobahn, Bundesstraße
	Vorsicht, Brücke
HW	Hochwasser

Inhalt

Übersichtskarte

1 Donau
2 Lauchert
3 Wörnitz
4 Altmühl
5 Vils
6 Naab
7 Schwarzach
8 Regen
9 Ilz
10 Isar
11 Inn
12 Salzach
13 Alz, Ischler Ache
14 Loisach
15 Uffinger Ache
16 Amper
17 Jller
18 Schussen
19 Neckar
20 Nagold
21 Enz
22 Kocher
23 Jagst
24 Tauber
25 Fränkische Saale
26 Main
27 Regnitz
28 Wiesent
29 Pegnitz
30 Sächsische
   Saale

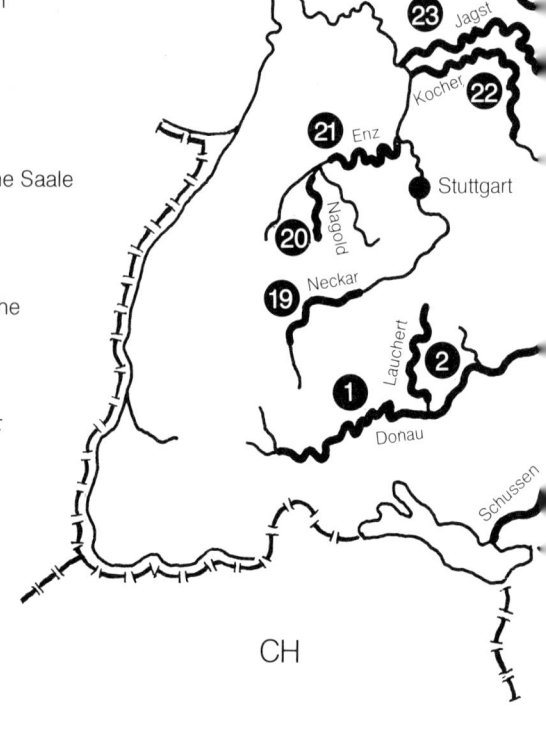

F

CH

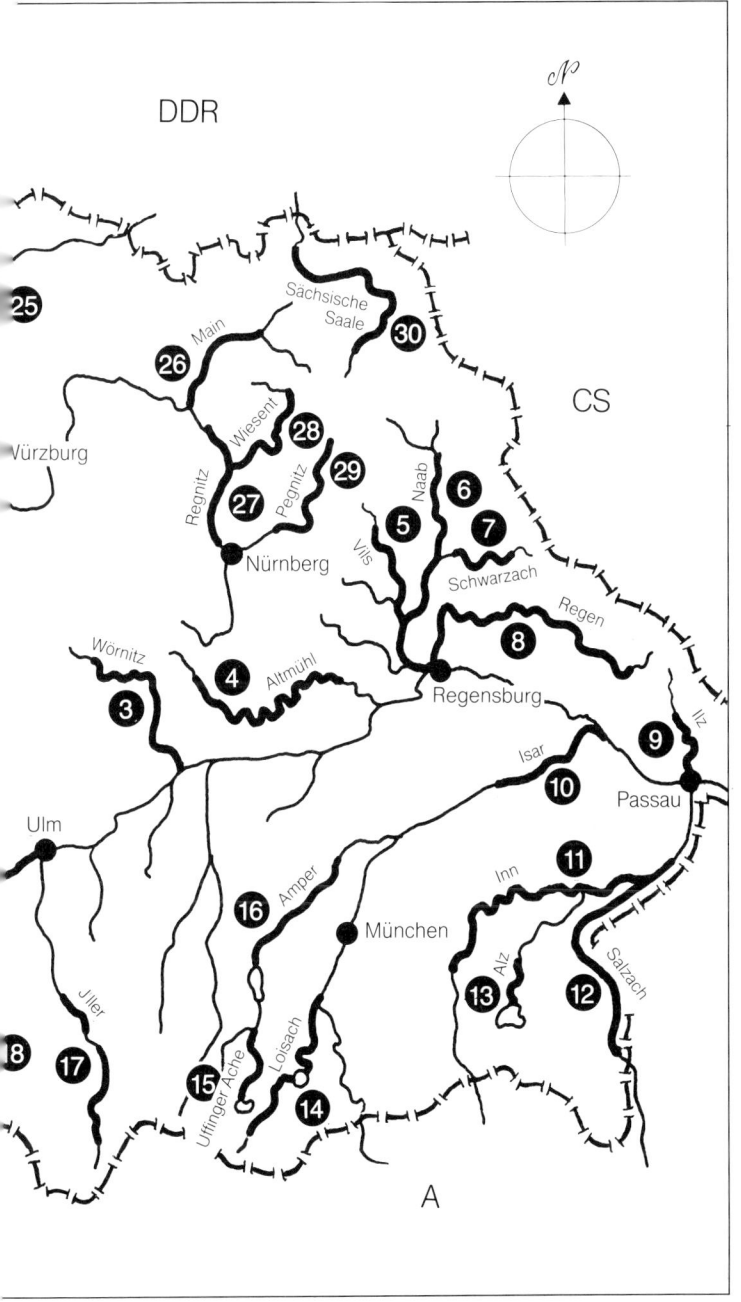

DDR

CS

Würzburg

Ulm

München

Nürnberg

Regensburg

Passau

A

Main
Sächsische Saale
Wiesent
Regnitz
Pegnitz
Vils
Naab
Schwarzach
Regen
Ilz
Wörnitz
Altmühl
Isar
Amper
Inn
Salzach
Iller
Uffinger Ache
Loisach
Alz

25
26
28
27
29
30
5
6
7
8
4
3
9
10
11
16
13
12
8
17
15
14

7

Einführung

Oft begegnen wir auf unseren Straßen Wassersportlern, die auf dem Autodach Kanus, Schlauchboote oder sogar mehrere schlanke Kajaks zu einem Fluß oder See ins Ausland transportieren, um dort ihren Urlaub zu verbringen. Zeitschriften und Fernsehprogramme locken mit faszinierenden Berichten über Flußfahrten im Grand Canyon, in Kanada und im Himalaya. Wir sehen atemberaubende Szenen bei Wildwasserbefahrungen in Korsika oder Südfrankreich. Um jedoch die ursprüngliche, für jeden zugängliche Form dieser Sportart, das Kanuwandern, zu erleben, müssen wir nicht nach Alaska oder Skandinavien fahren, wie es manche Reisebüros heute anbieten. Bei uns in Deutschland gibt es noch eine Reihe von natürlichen Gewässern, die eine romantische Wochenendfahrt oder große Ferienwanderung im Boot erlauben. Dazu brauchen wir keine hochspezialisierte Ausrüstung wie beim Wildwasserfahren; ein älteres Kanu, Faltboot oder steuerbares Schlauchboot genügt, um diese überschaubaren und trotzdem abenteuerlichen Flußwanderungen selbst zu erleben. Ein Kraftprotz muß man auch nicht sein, nur schwimmen muß man können und sich Zeit lassen. Mit diesem Kanu-Wanderbuch sollen alle angesprochen werden, die vorm Fernseher sitzend oder über dem Buch geneigt von Reisen und Abenteuer träumen. Auch jene, die das Sportliche mit dem Kulturellen verbinden wollen. Unsere Flußtäler sind voller historischer Sehenswürdigkeiten; wie Perlen auf einem Faden reihen sich an manchen Ufern alte Städte, Burgen und Schlösser aneinander. Naturliebhaber und Romantiker: Es gibt noch das geruhsame Paddeln im Morgendunst, es schreiten noch immer die weißen Störche durch die Feuchtwiesen am Fluß entlang, und es gibt auch noch die Abende am Lagerfeuer und stimmungsvolle Sonnenuntergänge überm Wasser.

Ein Wort an die Älteren, die in ihren Jugendjahren im Boot saßen, später aber verbittert diesen Sport aufgaben, nachdem so mancher Fluß verbaut und von der Industrie verschmutzt worden war. Tatsache ist, daß viele Gewässer wieder sauberer geworden sind, es tummeln sich wieder Fische im Wasser, und manchenorts kann man sogar baden. Holt Eure Faltboote von den Dachkammern herunter und kommt zurück zum Fluß!

Die nachfolgende Auswahl von 30 Wanderflüssen in Bayern und Baden-Württemberg soll bei der Planung und Vorbereitung neuer Touren und Ferienfahrten helfen. Die Bilder wollen – neben der Information – dazu beitragen, an langen Winterabenden die Erinnerungen an sommerliche Fahrten wachzuhalten. Es war nicht leicht, diese Tourenauswahl zu treffen. Es sollten Wanderflüsse sein, deren Wasser noch verhältnismäßig sauber ist und deren Landschaft abwechslungsreich und ursprünglich blieb. Die Touren sollten ganzjährig oder vom Frühjahr bis weit in den Sommer, auch für weniger Erfahrene, möglich sein. Auch sollten öffentliche Schiffahrtsstraßen gemieden werden.

Die getroffene Auswahl von ca. 2000 Wanderkilometern – von mir und meinen Begleitern selbst im Boot befahren – gliedert sich in 4 Tagesfahrten, 18 mehrtägige Wanderungen und 8 »Ferienflüsse«, für die man sich besonders viel Zeit nehmen sollte. Nachfolgend werden der Charakter der jeweiligen Flußlandschaft sowie die wassertechnischen und sportlichen Akzente des Wanderflusses anhand von Text, Bild und Streckenkarte aufgezeigt. Hinweise über brauchbare Karten und spezielle Flußwanderliteratur erleichtern die Tourenplanung. Die Flußkarten entsprechen dem neuesten Stand und sind so gestaltet, daß der Leser alle notwendigen Informationen über Hindernisse, Wehre, Umtragestellen und Campingplätze schnell und übersichtlich findet.

Man darf aber nicht vergessen, daß mit jedem Hochwasser und durch Baumaßnahmen sich die wassertechnischen Verhältnisse am Fluß etwas ändern. So ist jede Tourenbeschreibung dazu verurteilt, im Laufe der Zeit von der Wirklichkeit überholt zu werden. Auch Änderungen des Wasserstands beeinflussen die Befahrbarkeit. Kleine, niedliche Wiesenbäche können bei Hochwasser zu reißenden Wildflüssen werden und manches harmlose Wehr zur tödlichen Falle.

Das Wort Wehr ist gefallen – als künstliche Flußverbauungen bedeuten Wehre eine Gefahr für den Wasserwanderer. Grundsätzlich sollte man vor jedem rechtzeitig anlegen, es besichtigen, Hinweistafeln beachten. Eine eventuelle Befahrung der schrägen Wehre mit ablaufendem Wasser sorgfältig abwägen und im Zweifelsfall immer die Boote umtragen; dabei ist noch niemand gekentert! Steilwehre und Stufen mit Tosbecken, in welchen sich ein Rücksog bildet, sind grundsätzlich lebensgefährlich und dürfen nie befahren werden!

Auf unseren Flußfahrten begegnen wir auch Anglern, die manchmal mit mißtrauischen Blicken unsere Boote verfolgen. Wir nehmen Rücksicht auf ihre teuren Ruten und beantworten freundlich ihre Zurufe.

Natürlich wollen wir auf sauberen Flüssen paddeln und an sauberen Ufern rasten. Ein Kanufahrer hinterläßt darum in der Natur keinen Müll. Ein kleiner Klappspaten, immer im Boot mitgeführt, löst auch das Problem der menschlichen Abfälle. Bei unseren Bootsfahrten verhalten wir uns ruhig, Begegnungen mit selten gewordenen Tierarten werden uns dafür belohnen. Fahrverbote und zeitweise Flußsperrungen in Naturschutzgebieten beachten wir, um die schützenswerten Refugien für Wasservögel zu erhalten und das in letzter Zeit heftig diskutierte Thema »Natur und Sport« nicht unnötig anzuheizen.

Es gibt zwar sehr gute Lehrbücher (siehe »Kanuliteratur«, Seite 143), aus denen wir viele Kniffe des Kajakwandersports lernen können. Doch als Anfänger suche man den Kontakt zu erfahrenen Wanderfahrern. Am Anfang nie alleine fahren! Sicher findet auch jeder in seiner näheren Umgebung einen Kanuverein, dessen Mitglieder ihm kameradschaftlich mit Rat und Tat helfen, den Einstieg in die schöne naturverbundene Sportart des Flußwanderns zu erleichtern.

Heinrich Nejedly

1 **Donau**

Stromgebiet Donau | Ferienfluß

Kaum ein anderer Fluß führt uns so abwechslungsreiche Landschaftsbilder vor Augen wie die Donau auf ihrem Weg von der Quelle in Donaueschingen bis nach Ulm. Anfangs reguliert durch den fürstlichen Park fließend, mäandert sie, sich mit hellen Schilfrändern schmückend, im Hochflächenried vor Neudingen, schwingt bei Geisingen in einem eleganten Bogen um den vulkanischen Wartenberg herum, um in der seichten, geologisch durchlässigen Talmulde vor Immendingen einen Teil ihres Wassers zu verlieren. Der Aderlaß ist so stark, daß dieser Abschnitt für Kanufahrer nur im Frühling oder regenreichen Sommer befahrbar

ist. Erst ab Möhringen wird die Donau ausgiebig von neuen Zuflüssen gespeist und kommt dann in Tuttlingen wieder als richtiger Fluß an. Als ob sie Anlauf nehme, nähert sie sich in sanften Bögen den 300 m hohen, immer dichter zusammenrückenden Kalksteinriegeln der Schwäbischen Alb, um bei Fridingen in das Gebirge einzudringen. In vielen Schleifen gelingt ihr dieser Durchbruch. Eine aufregende Szenerie bietet sich dem Flußwanderer: Senkrechte weiße und gelbe Felswände spiegeln sich leuchtend im dunkelgrünen Wasser, blühende Wasserpflanzen bedecken im Sommer wie ein kostbarer Teppich weite

Charakter

Für Kanuwanderer ein reizvoller Ferienfluß. Ohne wassertechnische Schwierigkeiten für alle Bootstypen und auch weniger erfahrene Kajakfahrer geeignet. Der Abschnitt Donaueschingen bis Fridingen nicht immer befahrbar. Zwischen Fridingen und Beuron wurde ein ganzjähriges Befahrungsverbot erlassen. Ab Beuron ganzjährige Befahrung mit allen Bootstypen möglich, gelegentlich kurze Treidelstellen nach Wehren oder wegen Verkrautung im Hochsommer. In Donaueschingen günstige Einsatzstelle beim Sportpark in den Quellfluß Breg. Die relativ vielen Wehre sind teilweise befahrbar oder gut umzutragen mit Ausnahme folgender: Ein paar hundert Meter nach der überdeckten Holzbrücke in Beuron wartet ein lebensgefährliches Spitzwehr; hier rechtzeitig nach Hinweistafel anle-

gen und rechts umtragen. An der St.-Maurus-Kapelle nach Einholung der Erlaubnis die Boote durch den Klostergarten tragen (bei hohem Wasserstand) oder rechts über die Holzrampe. Am Laizer Wehr benutzt man die einzige Bootsrutsche der oberen Donau. Die drei nacheinander folgenden Wehre in Scheer umtragen (am zweiten Wehr links umtragen oder -fahren). Flußabwärts mehrere Schwallstrecken mit Steinbrocken im Flußlauf. Vor Riedlingen bietet sich die Möglichkeit, rechts in den Hochwasserkanal einzufahren, dadurch wird das Riedlinger Wehr umgangen. Bei Gamerschwang und Oberdischingen fährt man in die Stauseen hinein (seltene Vögel). An der niedrigen Eisenbahnbrücke bei Erbach links über den Bahnübergang umtragen. PKW-Begleitung möglich.

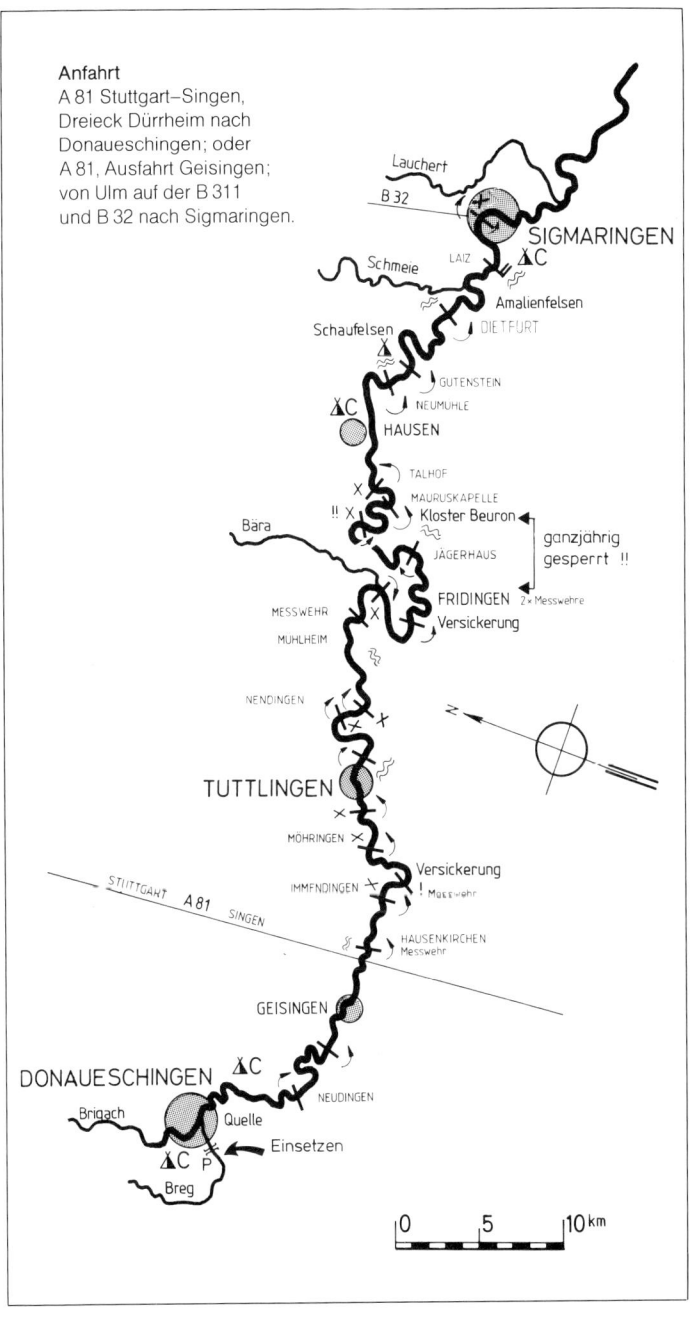

Anfahrt
A 81 Stuttgart–Singen,
Dreieck Dürrheim nach
Donaueschingen; oder
A 81, Ausfahrt Geisingen;
von Ulm auf der B 311
und B 32 nach Sigmaringen.

Lauchert

B 32

SIGMARINGEN

LAIZ

⚠C

Schmeie

Amalienfelsen

DIETFURT

Schaufelsen

GUTENSTEIN

NEUMÜHLE

⚠C

HAUSEN

TALHOF

MAURUSKAPELLE

!! X

Kloster Beuron

Bära

JÄGERHAUS

ganzjährig
gesperrt !!

FRIDINGEN

2× Messwehre

MESSWEHR

Versickerung

MÜHLHEIM

NENDINGEN

Z

TUTTLINGEN

MÖHRINGEN

Versickerung

IMMENDINGEN

! Messwehr

STUTTGART   A 81   SINGEN

HAUSENKIRCHEN

Messwehr

GEISINGEN

DONAUESCHINGEN

⚠C

NEUDINGEN

Brigach

Quelle

Einsetzen

⚠C P

Breg

0   5   10 km

11

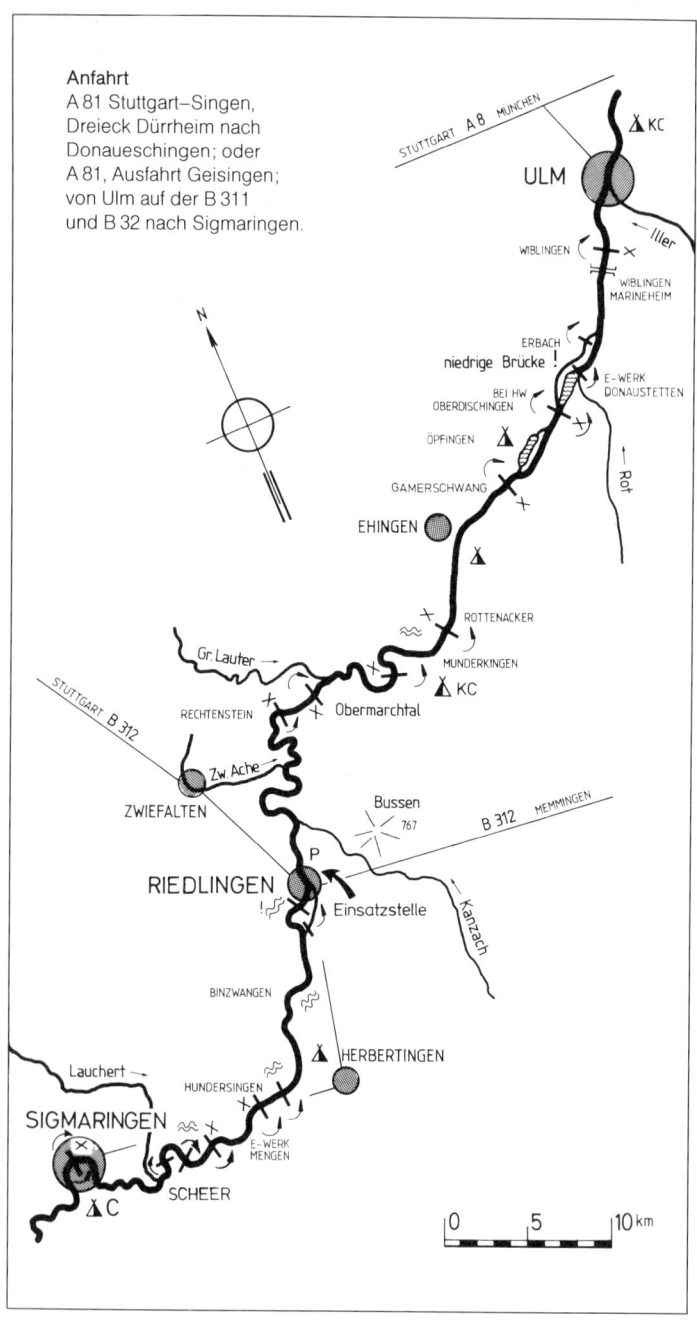

Anfahrt
A 81 Stuttgart–Singen,
Dreieck Dürrheim nach
Donaueschingen; oder
A 81, Ausfahrt Geisingen;
von Ulm auf der B 311
und B 32 nach Sigmaringen.

STUTTGART A 8 MÜNCHEN

ULM

KC

WIBLINGEN

Iller

WIBLINGEN
MARINEHEIM

ERBACH

niedrige Brücke !

E-WERK
DONAUSTETTEN

BEI HW
OBERDISCHINGEN

ÖPFINGEN

Rot

GAMERSCHWANG

EHINGEN

ROTTENACKER

Gr. Lauter

MUNDERKINGEN

KC

STUTTGART B 312

RECHTENSTEIN

Obermarchtal

Zw. Ache

Bussen

ZWIEFALTEN

767

B 312 MEMMINGEN

P

RIEDLINGEN

Einsatzstelle

Kanzach

BINZWANGEN

HERBERTINGEN

Lauchert

SIGMARINGEN

HUNDERSINGEN

E-WERK
MENGEN

C

SCHEER

0   5   10 km

Hohe Felswände begleiten den Kanufahrer im Donautal zwischen Tuttlingen und Sigmaringen.

Zeltmöglichkeiten

Campingplätze in Donaueschingen und am Riedsee bei Pfohren (allerdings nicht direkt am Fluß), idealer Campingplatz in Hausen im Tal, Zeltplatz Thiergarten, Sigmaringen, Hundersingen, Berg bei Ehingen, KC Munderkingen, Zeltplatz SG Öpfingen, Zeltwiese der Ulmer Kanufahrer rechts nach der zweiten Eisenbahnbrücke in Ulm.

Sehenswertes

Donaueschingen: Fürstenresidenz mit Parkanlage, Donauquelle, barocke Pfarrkirche.
Geisingen: Entenburg Pfohren, Kapelle.
Immendingen: Rathaus.
Mühlheim: Stadtmauer, Fachwerkhäuser, Galluskapelle.
Im Durchbruch: Kloster Beuron, Feste Wildenstein, Werenwag, Schloß Bronnen.
Sigmaringen: Schloß, Theater, Altstadt, Kirche in Scheer, Lorettkap.

Hundersingen: Keltische Festung Heuneburg.
Riedlingen: Altstadt mit Stadttoren, frühgotische Pfarrkirche, Kloster Heiligkreuztal.
Obermarchtal: Prämonstratenser-Kl.
Ehingen: Ritterhaus, Ständehaus, Liebfrauenkirche.
Oberdischingen: Höfische Miniaturresidenz.
Ulm: Münster, Fischer- und Gerberviertel, Rathaus, Schwörhaus (u. v. a.).
Bootsverleih: Beuron

Karten, Literatur

Generalkarte 1:200000 Blatt 22, 24; Deutsche Idealkarte 1:100000 Blatt 32, 33, 28; Topogr. Karte Baden-Württemberg 1:50000 Blatt L 8116, L 8118, L 7918, L 7920, L 7922, L 7722, L 7724; Kanuführer für Südwestdeutschland; Deutsches Flußwanderbuch; Kanuwanderführer für Bayern; Kanu-Sport 1977/S.479, 1987/S.243; Kanuführer Württemberg.

Flott geht es durch die enge Bootsgasse am Laizer Wehr.

Abschnitte des Flusses. Nach jeder Kehre schieben sich die steilen Hänge wie Kulissen vorbei, und von oben blicken wuchtige Ritterburgen in das enge Tal. Nicht einmal eine Straße hat hier Platz gefunden. Erst in der Mitte des Durchbruchs treten die Felswände auseinander, und an der entstandenen fruchtbaren Halbinsel bauten vor 800 Jahren Benediktinermönche das Kloster Beuron, welches heute eine der kostbarsten Bibliotheken der Welt beherbergt. Doch das Tal verengt sich wieder, und Schleife um Schleife bezwingt der Fluß das harte Gestein. Erst bei Thiergarten werden die Hänge niedriger, verwandeln sich in grüne, bewaldete Kuppen, aus denen nur einzelne Felsen herausragen. Das Tal wird breit und offen. Am letzten Felsriegel bei Sigmaringen erhebt sich stolz über dem Gewässer das vieltürmige Hohenzollernschloß. Die Landschaft wird flacher, noch immer sehr ansprechend, geprägt durch die südlichen Ausläufer der Schwäbischen Alb, die mit ihren Keltenburgen sich bis zum Fluß erstrecken. Von weitem grüßt der heilige Berg Bussen, dessen Besteigung bei guten Sichtverhältnissen äußerst lohnend ist. An der ehemaligen vorderösterreichischen Stadt Riedlingen vorbei durchquert die Donau Wiesen und Auwälder und nimmt ihren Lauf durchs oberschwäbische Barockländle bis in die alte Reichsstadt Ulm, deren hoher Münsterturm dem Fluß auf den letzten Kilometern seine Richtung weist.

2 Lauchert

Stromgebiet Donau

Stetten – Bingen

39 km
2-Tage-Fahrt

In einem sonnigen, zum Süden geöffneten Wiesental schlängelt die Lauchert ihr fast kristallklares, fischreiches Wasser, um es bei Sigmaringen mit der Donau zu vereinigen. Die Historiker nennen sie auch »Schwäbische Dordogne«, weil die mit großen Höhlen durchsetzten Felshänge bei Veringenstadt schon vor vielen tausend Jahren dem Neandertaler, einem der Urahnen des Menschengeschlechts, Schutz geboten haben. Als sich die riesigen Kontinentalgletscher am Ende der Eiszeit wieder zurückzogen, jagte hier der Urmensch mit seinen primitiven Waffen Mammuts und Wildpferde.
Mehrere Höhlenquellen speisen die Lauchert so ausgiebig, daß wir schon in Stetten unter der Burgruine Holstein unsere wendigen

Einer-Kajaks einsetzen und auf lustig plätschernden Wellen zügig durch Wiesen und urwaldähnliche Weidenbestände davonziehen. Nur eine alte, halbzerfallene Mühle sorgt für kurze Unterbrechung, bevor wir im neu aufgestauten Badesee bei Mägerkingen anlegen. Holzbänke mit Tischen laden zur Vesper ein. Die Stufe am Seeausgang rutschen wir hinunter, und flott geht es in kleinen Kehren am ehemaligen Mariaberger Schloß vorbei weiter nach Gammertingen. Am ersten Wehr tragen wir links vor dem Fabrikgelände um, das zweite können Erfahrene im Einer durchfahren. Zwei nacheinanderfolgende Sohlschwellen verlangen etwas Aufmerksamkeit, dann wird es wieder ruhiger. In einer großen Linksschleife umfahren wir die

Charakter
Der schönste schwäbische Wander-Kleinfluß mit sehr beständiger Wasserführung, ohne besondere fahrtechnische Schwierigkeiten. Wehre teilweise befahrbar, mühsame Umtragestelle in Veringendorf. In Hettingen neue Umtragestelle an zwei Wehren, wobei das zweite unbefahrbar ist. Ab Stetten für Einer, ab Hettingen für alle Bootstypen geeignet. Sehr sauberes Wasser. PKW-Begleitung teilweise möglich.

Zeltmöglichkeiten
Camping Sigmaringen, im Laucherttal keine öffentliche Zeltplätze, doch mehrere schöne Rastplätze.

Sehenswertes
Quellenhöhle bei Hausen an der Lauter: Bröller – Quellenhöhle.

Hettingen: Schloß und spätg. Kirche.
Veringenstadt: Neandertalbehausungen, Göpfelsteinhöhle, Pfarrkirche St. Nikolaus, Altstadt, Peterskapelle, Burgruine.
Veringendorf: Pfarrkirche St. Michael – älteste Kirche des Tales, St. Nepomukturm.
Jungnau: Burgruine.
Bingen: St. Anna-Kapelle, Ruine Hornstein.

Karten, Literatur
Generalkarte 1 : 200 000 Blatt 21, Blatt 24; Deutsche Idealkarte 1 : 100 000 Blatt 28, 33; Topogr. Karte Baden-Württemberg 1 : 50 000 Blatt L 7720, L 7920; Kanuführer für Südwestdeutschland; Kanuführer Württemberg.

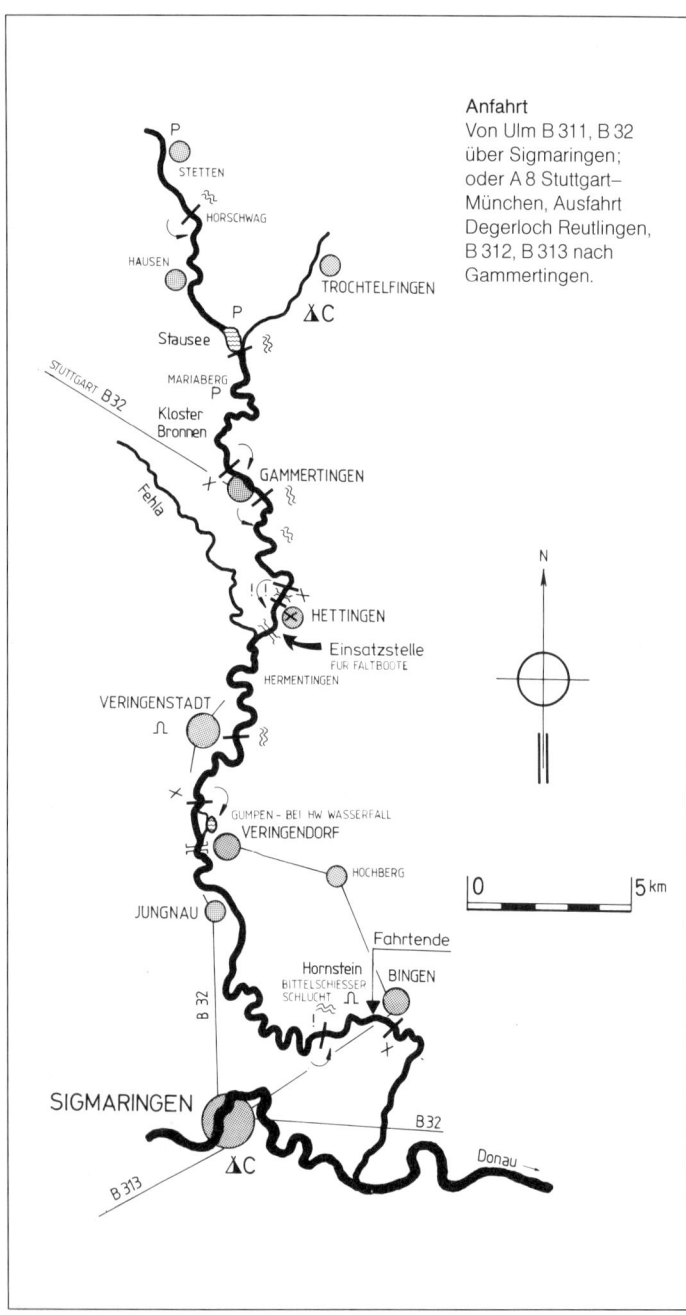

große Fischzuchtstation, und bald begrüßt uns mit Zischen und angehobenen Flügeln der »Hettinger Schwan« Egon, ein Prachtexemplar seiner Art. Weit in die Stadt hinein begleitet er aufmerksam die Boote, um dann zu seinem Weibchen zurückzufliegen. Vor der niedrigen Brücke umtragen wir links bis unterhalb des neuen unbefahrbaren Steilwehrs. Ab Ortsausgang von Hettingen ist die Lauchert auch für Zweier-Faltboote ganzjährig befahrbar.

Das Tal wird jetzt enger, und die ersten Felsen kündigen Veringenstadt an. Da gibt es viel zu sehen, es lohnt sich, anzulanden, die Beine in Bewegung zu setzen und ein, zwei Stunden hier zu verbringen. Beim Hinüberrutschen über das kleine, zerfallene Wehr wird's nachher lustig. In Veringendorf erwartet uns eine lange Umtragestelle; vor dem Wehr müssen wir links anlegen und die Boote gute 200 m weit in einen von Felsen eingeschlossenen Gumpen schleppen. Hier schießt im Frühjahr ein mächtiger Wasserfall in die Tiefe. Beim Umtragen wird die Bundesstraße überquert. Wer einen Bootswagen dabei hat, fährt ca. 500 m bis zur Brücke unterhalb der Dorfkirche; hierher umgeht er noch eine etwaige Treidelstelle. Ab Jungnau erpaddeln wir den einsamsten Abschnitt des Flußlaufs – nicht einmal ein Wanderweg führt vorbei. Nur drei niedrige Eisenbahnbrücken erinnern an die Zivilisation. Schöne Badestellen locken zum Verweilen. Vor Bingen erreichen wir die Bittelschießer Schlucht. Hier gibt es eine Burg mit Kapelle und eine riesige Höhle zu bewundern. Am letzten Wehr tragen wir rechts um, denn den linken fahrbaren Flußarm versperren oft angeschwemmte Bäume. Nach der angenehm schattigen Waldstrecke sehen wir am linken Ufer schon bald den Sportplatz von Bingen liegen, wo dann unsere Fahrt endet.

Eine alte Mühle unterbricht unsere Lauchertfahrt.

3 **Wörnitz** Dinkelsbühl – Donauwörth

Stromgebiet Donau

93 km
4–5-Tage-Fahrt

Die über 120 km lange, am Eichelberg im Frankenwald entspringende Wörnitz ist auf einer Strecke von mehr als 90 km mit Wanderbooten ohne Schwierigkeiten befahrbar. In unzähligen Kehren und Schleifen fließt sie in einem flachen, weit geöffneten Tal zwischen der Schwäbischen Alb und dem Fränkischen Jura und entwässert das gigantische Ries, einen vermutlich durch meteoritischen Einschlag entstandenen Rundkrater. Als ruhiges, langsames Wanderflüßchen berührt sie mehrere Städtchen, Burgen und Schlösser, um schließlich bei Donauwörth ihren Lauf mit der Donau zu vereinigen.

Noch bis weit in den Frühsommer können wir sie ab Dinkelsbühl befahren. Eine gute Einsatzstelle finden wir am Bootshaus des hiesigen Kanuclubs. Bald trägt uns die Strömung langsam östlich. Bis zur Mündung der Sulzach bei Wittelshofen bewältigen wir viele Flußkehren und tragen unsere Boote über fünf Wehre an alten Mühlen vorbei. Am Wehr in Gerolfingen legen wir eine längere Pause ein. Bei schönem Wetter lohnt es sich, die 300 Höhenmeter zum Hesselberg, einer alten Keltenfestung, hinaufzuwandern. Hier erwartet uns ein phantastischer Rundblick, der im Herbst manchmal bis zu den Alpen reicht. Nach der Rückkehr können wir in einer der beiden örtlichen Brauereien unseren Durst mit gutem Bier löschen. Über zwei weitere Wehre geht die ruhige Fahrt nach Wassertrüdingen, wo das Markgrafenschloß, eine

Charakter
Langsamer Wanderfluß; trotz der vielen Wehre, die zwar nicht befahrbar, aber überwiegend leicht zum umtragen sind, auch für Anfänger und ab Wassertrüdingen für alle Bootstypen geeignet. Wasser mäßig sauber. Ab Wassertrüdingen, in sehr trockenen Sommern erst ab Oettingen, ganzjährig befahrbar. Ab hier landschaftlich sehr abwechslungsreich. PKW-Begleitung möglich.

Zeltmöglichkeiten
Campingplatz Dinkelsbühl, auf Anfrage bei Kanu-Club Donauwörth; zelten neben kleinen Sportplätzen – Heroldingen, Munningen.

Sehenswertes
Dinkelsbühl: Altstadtkern, Deut-
sches Haus, Spitalkirche, Rathaus, Ringmauer mit Toren, Kinderzeche, im Sommer Freilichtspiele.
Oettingen: Residenz mit Schloßpark und Orangerie, Pestsäule, Marktplatz, Pfarr- und Stadtkirche, Storchennest.
Harburg: Burganlage mit Folterverliesen, Museum, Bibliothek, alte Steinbrücke.
Donauwörth: Alte Reichsstadt, Pfarrkirche mit der schwersten Glocke Schwabens – Pummerin, Tanzhaus, Rathaus, Marktplatz, Färbertörl.

Karten, Literatur
Generalkarte 1:200 000 Blatt 19;
Deutsche Idealkarte 1:100 000
Blatt 25, 29;
Kanuführer für Südwestdeutschland;
Kanuwanderführer für Bayern.

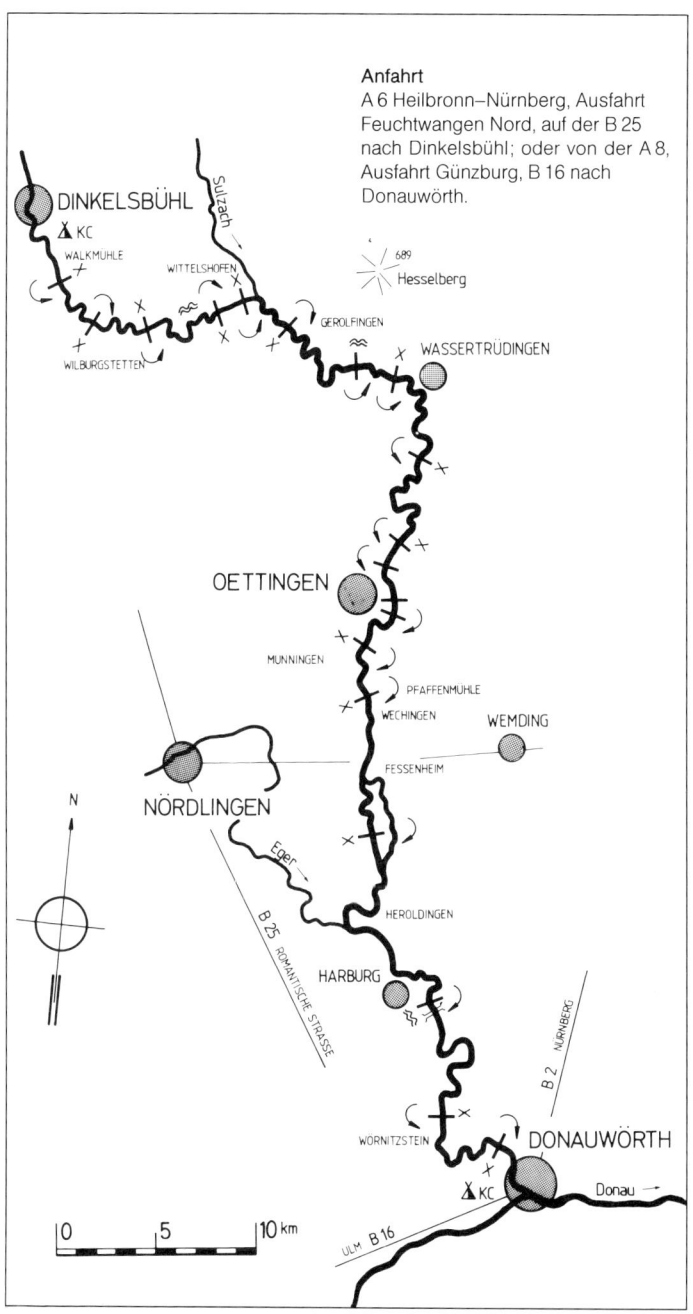

Anfahrt
A 6 Heilbronn–Nürnberg, Ausfahrt
Feuchtwangen Nord, auf der B 25
nach Dinkelsbühl; oder von der A 8,
Ausfahrt Günzburg, B 16 nach
Donauwörth.

DINKELSBÜHL

KC

WALKMÜHLE

WITTELSHOFEN

689
Hesselberg

GEROLFINGEN

WASSERTRÜDINGEN

WILBURGSTETTEN

Sulzach

OETTINGEN

MUNNINGEN

PFAFFENMÜHLE

WECHINGEN

WEMDING

FESSENHEIM

NÖRDLINGEN

Eger

B 25 ROMANTISCHE STRASSE

HEROLDINGEN

HARBURG

B 2 NÜRNBERG

WÖRNITZSTEIN

DONAUWÖRTH

Donau →

KC

N

ULM B 16

0   5   10 km

Hoch über dem Fluß thront die stolze Harburg.

ehemalige Wasserburg, unsere Aufmerksamkeit anzieht. Ab hier ist die Wörnitz ganzjährig befahrbar. Im Spätsommer ist sie teilweise stark verkrautet, doch eine Fahrrinne findet sich immer. Die Wörnitz macht hier in ihrem schlingenreichen Lauf einen Knick nach Süden und trägt unsere Kajaks an der trutzigen, dreischiffigen romanischen Basilika des alten Benediktinerklosters Auhausen vorbei. Über weitere unzählige Mäander erreichen wir die Fürstenresidenzstadt Oettingen. Wir besichtigen die Stadt, deren Bild bis heute von der religiösen Spaltung der Einwohner geprägt ist. Am Marktplatz stehen die barocken Stuckputzbauten der wohlhabenden katholischen Kaufleute mit ihren prächtigen Giebeln den schmucken, aber etwas strengen Fachwerkhäusern der überwiegend protestantischen Handwerker gegenüber. Vor der Weiterfahrt lohnt noch ein Aufstieg von der Wörnitzbrücke zum Hainsfarther Kirchenberg, dem Aussichtsbalkon der südlichen Frankenalb. Hier sehen wir, wie die bis dahin sich langsam schlängelde Wörnitz ihren Lauf begradigt und sich in das Kalkgestein des Rieskraters eingräbt. Die Fahrt geht weiter durch den Riesboden, rechts von niedrigen Waldkuppen gesäumt. Auf den saftigen, feuchten Wiesen begleiten uns Kiebitze, und sogar ein Storch schreitet am Wörnitzufer entlang.

Bei Fessenheim teilt sich der Fluß; wir bleiben rechts. Hinter der Wennenmühle, die wir mit Booten links umgehen, fehlt unter dem Wehr manchmal Wasser. Die kleine Treidelstelle nehmen wir als Abwechslung in Kauf. Die Boote gleiten nachher durch die Heroldinger Schleife, Felskuppen treten näher. Im weiten Bogen nimmt hier die Wörnitz Anlauf, um in flotter Strömung den südlichen Rand des Rieskraters durchzusägen. Das Tal wird enger und romantischer. Überraschend und majestätisch zieht rechts hoch am Fels der stolze Sitz der Fürsten von Oettingen-Wallenstein Harburg an uns vorbei. Nach einer ausholenden Rechtsschleife landen wir an der siebenbögigen Steinbrücke im winzigen Städtchen Harburg. An der Brücke angeklebt steht noch die alte Bruckmühle, deren Wehr wir links umgehen. Wir legen Rast ein, um die guterhaltene Burg mit Museum und Bibliothek zu besichtigen. Unterhalb der Brücke setzen wir die Kanus wieder ins Wasser und treiben durch das bewaldete Tal. An der Schloßruine Wörnitzstein vorbei zeigen sich im Süden die hochragenden Türme der Pfarr- und Heiligkreuzkirche, die Wahrzeichen der alten Reichsstadt Donauwörth. Das letzte Wehr umtragen wir rechts, und unser Ziel, die Wiese am Kanu-Club-Bootshaus, ist erreicht.

Nach dem Trocknen, Aufladen der Boote und guten Essen in einem der vielen Wirtshäuser können wir noch die sehenswerte Stadt bewundern.

In der Heroldinger Schleife an der Wörnitz.

4 **Altmühl**

Gunzenhausen –
Griesstetten

120 km
Ferienfluß

Stromgebiet Donau

Die Altmühl ist ein ruhiger, gemächlich fließender Wanderfluß. Man sagt ihr sogar nach, der langsamste aller bayerischen Flüsse zu sein. Doch dank ihrer besonderen landschaftlichen Schönheiten wird die Altmühl als »Pilgerfluß« aller deutschen Kanufahrer angesehen. Von ihrer Quelle am Nordrand der Frankenhöhe durchfließt sie in vielen kleinen, im Sommer verunkrauteten Schlingen eine fruchtbare Feld- und Wiesenlandschaft, um zwischen Ornbau und Gunzenhausen das neue Fränkische Seenland zu berühren. Hier entstehen bis 1989 durch Aufstauen des Altmühlwassers und dessen Umleitung in den Ludwig-Donau-Main-Kanal über 2000 Hektar neuer Wasserfläche: ein Eldorado für Wassersportler sowie auch für die Vogelwelt – mehrere hundert Hektar sind als Naturschutzgebiete ausgewiesen. Trotz dieser mannigfachen landschaftlichen Umgestaltungen hat die Altmühl jedoch ihren verträumten Charakter beibehalten.

Wer also kleine Wiesenflüsse liebt, setzt im Frühling am Herrieder Sportplatz oder neben der Gunzenhausener Stadthalle sein Boot ins Wasser. Von schreienden Kiebitzen verfolgt, der brennenden Sonne entgegen, fährt er den schilfumsäumten mäandernden Fluß fast ohne Hindernisse hinun-

ter. Das flache Land und die Nähe der nach Norden fließenden Rezat bewegte schon vor 1200 Jahren Karl den Großen zum Bau eines Verbindungskanals zwischen dem Wassersystem der Donau und dem des Main. Übriggeblieben vom gescheiterten Versuch ist der Karlsgraben »Fossa Carolina«, den wir bei Bubenheim, in der Ortschaft Graben, finden. 1000 Jahre später ist die Verbindung doch gelungen; der schmale Ludwig-Donau-Main-Kanal fügt sich heute restlos in das Landschaftsbild ein. Bei Treuchtlingen ändert sich schnell die Umgebung des Flusses. Das Tal verengt sich, und Ber-

Landschaftlicher Höhepunkt
einer Altmühlfahrt sind die Felstürme
Zwölf Apostel.

ge treten bis an die Ufer. Das Wehr am Städtischen Freibad ist überwiegend offen. Und so fahren wir unbehindert mit den Kanus in das cañonartige Tal hinein. Eine ganze Reihe von Sehenswürdigkeiten zieht sich wie eine Perlenkette am Fluß entlang: das kleine Burgstädtchen Pappenheim, Solnhofen mit seinen weltberühmten Steinbrüchen und dem Fossilien-Museum, die Felsenformationen der Zwölf Apostel, das südlich anmutende Dollnstein und die bischöfliche Residenzstadt Eichstätt als kultureller Mittelpunkt des Tales. Aber auch weiter flußabwärts reißt die Kette der seltenen Landschaftsbilder nicht ab. Wacholderheiden oberhalb der alten Pfünzer Steinbrücke wetteifern mit leuchtend weißen Kalktürmen und grünen Mischwaldbeständen. Bei der hochragenden Burg Kipfenberg kreuzt der römische Limes mit seinen wiederaufgebauten Türmen

und Kastellen das Altmühltal. Wir unterqueren die breite Autobahnbrücke der A 9 und besuchen linksufrig vom Camping Kratzmühle das neuentstandene Erholungszentrum am ehemaligen Baggersee. Kurz darauf leuchtet vor uns oben am Berg das Schloß Hirschberg und signalisiert die Nähe von Beilngries. Die engen Gassen der gut erhaltenen Altstadt locken zum Besuch. Bei Dietfurt begegnen wir erstmals einer mächtigen Schiffshebeanlage des so umstrittenen Donau-Main-Kanals. Unsere Wanderfahrt beenden wir schließlich an der Wallfahrtskirche in Griesstetten. Der nun folgende Unterlauf wird nach und nach bis zur Mündung in die Donau verbaut; ein breites Kanalbett, unterbrochen von riesigen Schleusenanlagen, prägt das neue, für uns noch ungewohnte Flußbild der vorher so lieblich dahinfließenden Altmühl.

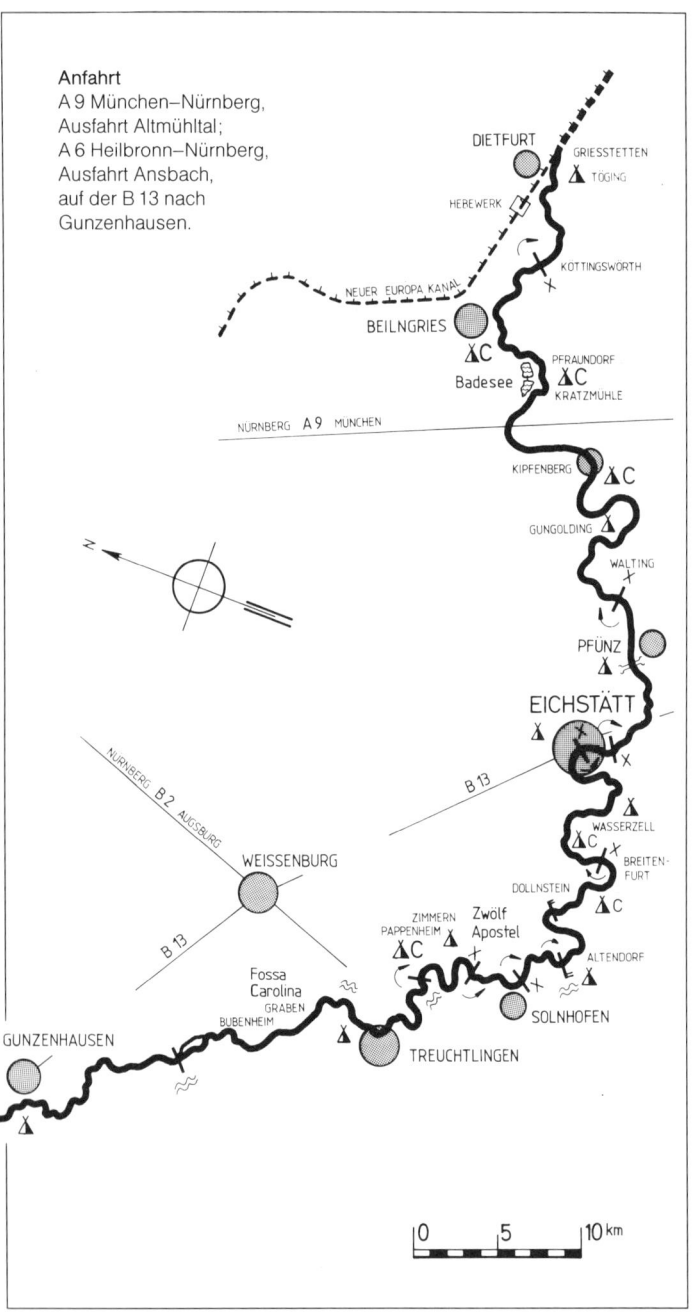

Anfahrt
A 9 München–Nürnberg,
Ausfahrt Altmühltal;
A 6 Heilbronn–Nürnberg,
Ausfahrt Ansbach,
auf der B 13 nach
Gunzenhausen.

DIETFURT
GRIESSTETTEN
TÖGING
HEBEWERK
KOTTINGSWÖRTH
NEUER EUROPA KANAL
BEILNGRIES
Badesee
PFRAUNDORF
KRATZMÜHLE
NÜRNBERG A 9 MÜNCHEN
KIPFENBERG
GUNGOLDING
WALTING
PFÜNZ
EICHSTÄTT
B 13
WASSERZELL
BREITEN-FURT
DOLLNSTEIN
NÜRNBERG B 2 AUGSBURG
WEISSENBURG
ZIMMERN
PAPPENHEIM
Zwölf
Apostel
ALTENDORF
B 13
Fossa
Carolina
GRABEN
BUBENHEIM
SOLNHOFEN
GUNZENHAUSEN
TREUCHTLINGEN

0   5   10 km

24

Ein Überbleibsel des alten Ludwig-Donau-Main-Kanals ist diese romantische, manuell bedienbare Schleuse.

Charakter

Trotz fortschreitender Verbauung der unteren 30 km bleibt die Altmühl der ideale Fluß für beschauliche Wanderfahrten. Langsam fließendes Zahmwasser erlaubt auch wenig erfahrenen Anfängern das ganzjährige Befahren mit allen Bootstypen. Das Wasser ist mäßig sauber. In den letzten Jahren wurde ein großer Teil der Altmühl als offizielle Flußwanderstrecke ausgebaut; von den Gemeinden wurden an den Wehranlagen Bootsumsetzstellen mit Treppen errichtet und etliche neue Rastplätze mit Zeltmöglichkeiten angelegt. Hiermit werden die Wanderfahrer gebeten, durch ihr vorbildliches Verhalten diese einmaligen Bemühungen zu schätzen und dadurch auch zum guten Ruf des Kanusports beizutragen. Lohnendster Flußabschnitt: Treuchtlingen–Beilngries. Am Altmühlsee (NSG) ist die Durchfahrt im Gewässerverlauf erlaubt. PKW-Begleitung durchgehend möglich.

Zeltmöglichkeiten

Im Naturpark Altmühltal ist Zelten nur auf dafür ausgewiesenen Plätzen erlaubt. Doch es sind genügend Bootsrastplätze mit Zeltmöglichkeiten vor-

handen – siehe Flußkarte. Schöne Campingplätze in Pappenheim, Dollnstein, Breitenfurt, Kipfenberg, an der Kratzmühle und in Beilngries runden das Angebot ab.

Bootsverleih

Gunzenhausen, Treuchtlingen, Eichstätt, Kipfenberg, Kinding, Beilngries.

Sehenswertes

Herrieden: Bergkirche, Kirche St. Veit
Ornbau: alte Steinbrücke, Stadtmauer, Türme.
Gunzenhausen: Stadtkirche, Blasturm, Färberturm, Schloß, Marktplatz.
Treuchtlingen: Heldenfriedhof am Nagelberg, Fossa Carolina, Stadtschloß.
Pappenheim: Burgruine, Schloß, Augustinerkloster, Galluskirche.
Solnhofen: Fossilien-Museum, Sola-Basilika, Zwölf-Apostel-Felsen bei Eslingen.
Dollnstein: Schloßfelsen, Ringmauern, Kirche.
Eichstätt: Residenz, Willibaldsburg, Jura-Museum, Dom, Kloster mit Kreuzgang, barocke Häuser u. v. a.
Pfünz: Alte Steinbrücke, Römerkastell.
Kipfenberg: Burg, Limes.

Kinding: Wehrkirche.
Beilngries: Benediktinerkloster Plankstetten, Rokokoschloß Hirschberg.
Dietfurt: Siebentälerstadt, Ringmauer, Kloster, barocke Kirche, Hebewerk Dietfurt.

Karten, Literatur
Generalkarte 1:200 000 Blatt 19, Blatt 20; Deutsche Idealkarte 1:100 000 Blatt 25, 26, 29, 30; KOMPASS-Wanderkarte 1:50 000 Nr. 177 und 178;
Kanuwanderführer für Bayern; Deutsches Flußwanderbuch; Kanusport 4/1983; Bootswanderprospekt Naturpark Altmühltal v. Lkr. Eichstätt.

Gemütlich lassen wir uns unter »Segel« dahintreiben.

Vor Eichstätt begrüßt uns majestätisch die weiße Willibaldsburg.

5 **Vils**

Fast 800 Jahre diente die ruhig fließende Vils der Amberger Schiffahrt, bis diese im Jahre 1826 wegen des Niedergangs der Oberpfälzer Eisenindustrie eingestellt wurde. Zurück am Flüßchen blieben mehrere Wehre mit teilweise befahrbaren Floßgassen und ein stilles, selten schönes Tal. Überwiegend eng und steilwandig ist dieses Tal, dessen Hänge mit Wacholderbüschen und Mischwald bewachsen sind und die im frühen Sommer die Farbenprächtigkeit der Steppenheide einer Juralandschaft zeigen. Weiden, Erlen und ein Schilfgürtel säumen die stillen Ufer der dunkelgrünen Vils, die nach ihrem ruhigen Lauf bei Kallmünz in die Naab mündet.

Zur Befahrung setzen wir die Boote im Stadtpark von Amberg, unterhalb der Vilsbrücke, in den Fluß ein. Am großen Parkplatz bleiben die Autos zurück. Es lohnt sich, am Fluß ein paar hundert Meter stromaufwärts zu paddeln, durch die Stadtbrille – die sich im Wasser spiegelnden zwei Torbogen der Wehrmauer – durchzufahren und die eindrucksvolle Stadtkulisse vom Wasser aus anzuschauen. Nach der Besichtigung lassen wir die Boote stromabwärts treiben. Bald schließt sich der weiten Amberger Ebene ein richtiges Tal an. Hoch über dem Fluß spannt sich die neue Betonbrücke der Nürnberger Autobahn. Über zwei Wehre, die wir umgehen, gelangen wir

Charakter

Ruhiges Wanderflüßchen mit sehr sauberem Wasser. Außer einem sind alle Wehre leicht umzutragen, zwei sogar befahrbar. Der konstante Wasserstand erlaubt eine ganzjährige Befahrung ab Amberg mit allen Bootstypen; auch für Anfänger gut geeignet. Landschaftlich ein sehr abwechslungsreiches und reizvolles Tal. Viele kulturelle Sehenswürdigkeiten. Zu beachten: Zwischen Schmidmühlen und Rohrbach liegt flußabwärts rechts ein Truppenübungsgelände, jedoch bestehen keine Behinderungen bei der Befahrung der Vils. PKW-Begleitung möglich.

Zeltmöglichkeiten

Campingplatz an der Vils in Rieden, Zeltplatz in Kallmünz an der Naab.

Sehenswertes

Amberg: Altes Stadtbild, viele Kirchen, Stadtbrille, Rathaus, Alte Münze, Kurfürstliches Schloß, Heimatmuseum, Tore, überdachte Holzbrücken.
Theuern: Bergbau- und Industriemuseum.
Ensdorf: Benediktinerkloster, Stiftskapelle mit Sarkophag.
Schmidmühlen: Geburtsort des Bildhauers Erasmus Grasser (15. Jh.), Wallfahrtskirche, drei Schlösser.
Emhof: Romanische Pfarrkirche.
Dietldorf: Barockschloß und Kirche.
Kallmünz: Burgruine, Rathaus, Pfarrkirche, alte Steinbrücke.

Karten, Literatur

Generalkarte 1:200000 Blatt 17, 20; Deutsche Idealkarte 1:100000, Bl. 26; Kanuwanderführer für Bayern; Kanuführer für Südwestdeutschland.

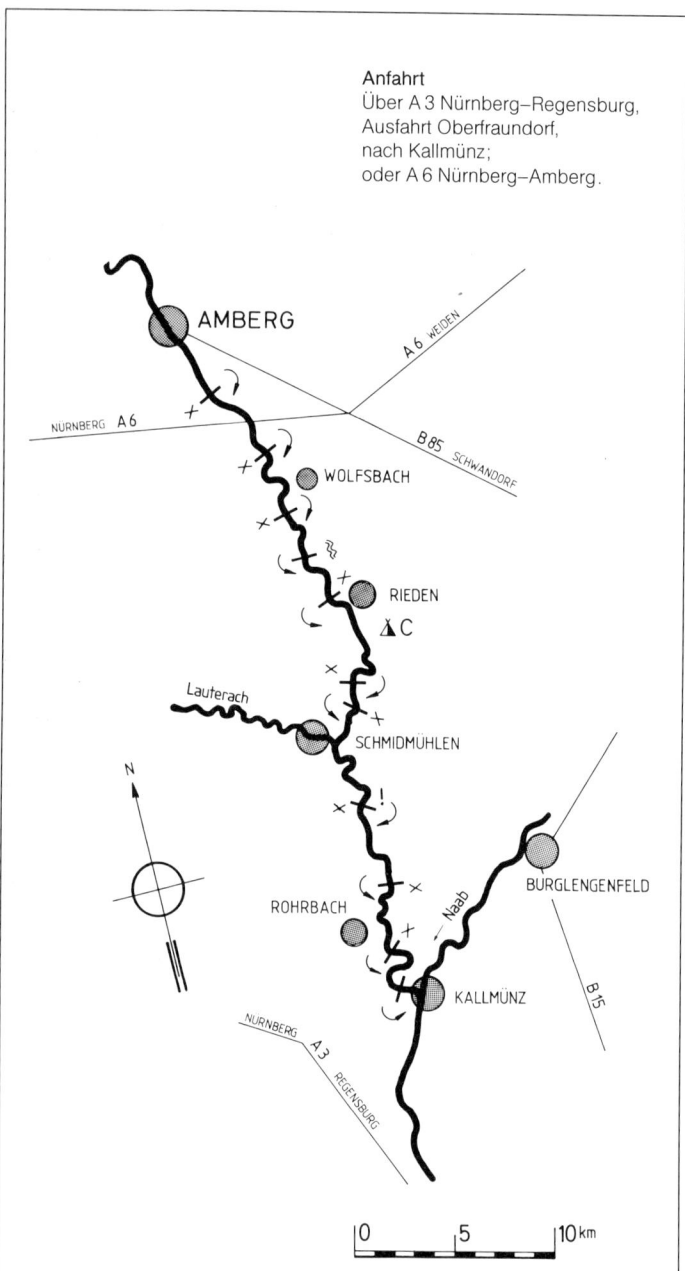

Anfahrt
Über A 3 Nürnberg–Regensburg,
Ausfahrt Oberfraundorf,
nach Kallmünz;
oder A 6 Nürnberg–Amberg.

AMBERG

A 6 WEIDEN

NÜRNBERG A 6

B 85 SCHWANDORF

WOLFSBACH

RIEDEN

⚑ C

Lauterach

SCHMIDMÜHLEN

N

BURGLENGENFELD

ROHRBACH

Naab

KALLMÜNZ

B 15

NÜRNBERG A 3

REGENSBURG

0   5   10 km

An der Stadtbrille von Amberg beginnen wir unsere Vilswanderung.

nach Theuern, wo es ein Bergbaumuseum gibt. In der Sonne glitzernd, trägt uns die Vils in leichten Bögen an kleinen fränkischen Dörfern vorbei. Fast in jedem Ort kann man ein sehenswertes barockes Baudenkmal – Schloß, Kirche oder Kloster – bewundern. In Rieden, ungefähr in der Hälfte der Wanderstrecke, können wir auf dem Campingplatz übernachten. Am nächsten Tag paddeln wir an Schmidmühlen, einem gemütlichen Marktflecken mit drei Schlössern, vorbei. Hier bekommt die Vils Wasserzuschuß von der kristallklaren Lautorach, die als bestes mitteleuropäisches Forellengewässer bekannt ist. Das Emhofer Wehr bietet uns beim Umtragen leichte Schwierigkeiten. Doch nachher geht die Fahrt im flotten Tempo durch kleine Schwälle an Dietldorf vorbei und unter der Rohrbacher Brücke weiter zur Mündung. Leuchtend weiß steht die Kapelle am Ufer, und links am steilen Jurafelsrücken schaut die trutzige Burgruine von Kallmünz hinunter ins Tal. Das Vilsmühlenwehr umgehen wir rechts, und bald umspült das Wasser der Naab unsere Boote.

6 Naab

Stromgebiet Donau

Eigentlich wissen wir nicht genau, welche Länge der Naab zuzuschreiben ist, doch mit dem längsten ihrer drei Quellflüsse, der Waldnaab, sind es fast 190 km. Alle drei bieten gut befahrbares mittelschweres Wildwasser, besonders die Waldnaab zeigt reizvolle Abschnitte. Als Wanderfluß ist die Naab erst ab Oberwildenau einzuordnen. Hier, ein paar Kilometer südlich von Weiden, wo sich Heidenaab und Waldnaab vereinigen, ist ein guter Einsatzpunkt für eine Wanderstrecke, die uns nach ca.

100 km beschaulicher Kanufahrt im ruhig dahinziehenden Strom in die Donau führt. In weit ausholenden Schleifen und Flußwindungen schaukeln die Boote durch die Oberpfälzer Ebene, an einsamen Orten, sehenswerten Burgruinen und Schlößchen vorbei. Die Flußlandschaft ist noch weitgehend erhalten; feuchte Wiesen und ausgedehnte Teichanlagen locken die sonst so raren Störche, Fischreiher und Kiebitze an. Nur die neue Autobahn zerschneidet diese Idylle, doch vom Fluß aus wirkt sie

Charakter

Ein ruhiger, ganzjährig befahrbarer Wanderfluß mit ziemlich sauberem Wasser; sehr empfehlenswert auch für Anfänger. Keine sporttechnischen Schwierigkeiten. Im oberem Teil bis Nabburg teilweise sehr gute Strömung, schöne Badeplätze. Für sämtliche Bootstypen geeignet. Alle Wehre sind problemlos umzutragen, mit Einern teilweise befahrbar. Vorsicht beim Wehr in Schwarzenfeld; hier rechtzeitig landen, bei höherem Wasserstand Sog! PKW-Begleitung durchgehend möglich, jedoch im Abschnitt oberhalb Kallmünz nur Kontaktmöglichkeiten.

Zeltmöglichkeiten

Nabburg (Paddlerclub e. V.), Schwandorf (TSV Zeltwiese), Kallmünz, Camping Distelhausen, Penk (Zeltwiese), Regensburg, am Fluß schöne einsame Plätze.

Sehenswertes

Weiden: Alter Straßenmarkt,
ssancehäuser.

Perschen: Bauernmuseum.
Nabburg: Nettes mittelalterliches Städtchen, Pfarrkirche, Rathaus, Tore.
Fronberg: Schloß mit Kapelle.
Schwandorf: Historischer Marktplatz, Wallfahrtskirche am Kreuzberg.
Ettmansdorf: Romanische Kirche (13. Jh.), Schloß.
Münchshofen: Renaissanceschloß.
Burglengenfeld: Gut erhaltene Altstadt, Burgruine, Schloß.
Kallmünz: Burgruine, Kirche, Rathaus, steinerne Naabbrücke.
Pielenhofen: Klosteranlage (12. Jh.).
Regensburg: siehe Seite 38.

Karten, Literatur

Generalkarte 1 : 200000 Blatt 17, 20; Deutsche Idealkarte 1 : 100000 Blatt 26;
Kanuwanderführer für Bayern; Deutsches Flußwanderbuch; Kanu-Sport 1978/S. 74, 1979/S. 446.

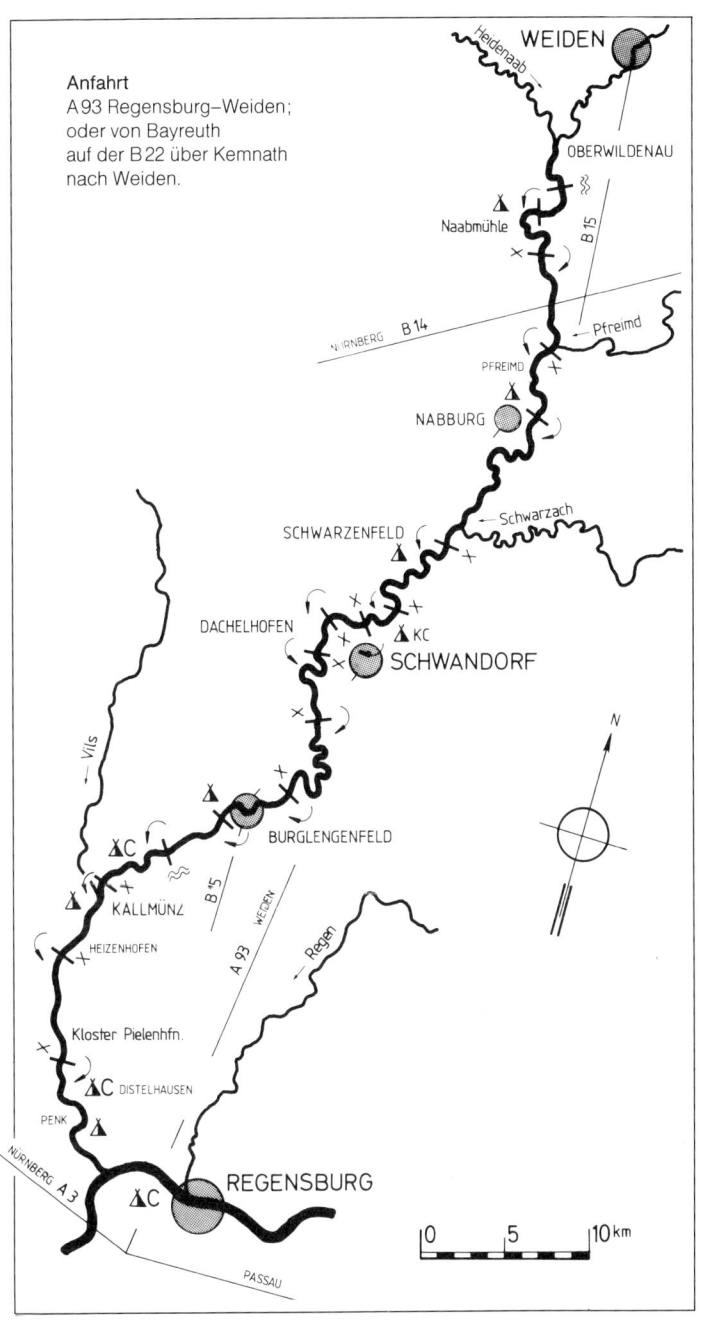

Anfahrt
A 93 Regensburg–Weiden;
oder von Bayreuth
auf der B 22 über Kemnath
nach Weiden.

WEIDEN

Heidenaab

OBERWILDENAU

B 15

Naabmühle

NÜRNBERG B 14

Pfreimd

PFREIMD

NABBURG

Schwarzach

SCHWARZENFELD

DACHELHOFEN

KC

SCHWANDORF

N

Vils

C

BURGLENGENFELD

KALLMÜNZ

B 5

WEIDEN

A 93

Regen

HEIZENHOFEN

Kloster Pielenhfn.

C DISTELHAUSEN

PENK

NÜRNBERG A 3

C REGENSBURG

PASSAU

0   5   10 km

31

noch nicht störend. In den früheren Jahrhunderten war die Naab von Regensburg bis Weiden schiffbar; die vielen Wehre mit Floßgassen sind als stumme Zeugen übriggeblieben. Sie zerfallen langsam und können fast alle ohne Schwierigkeiten überwunden werden. Bei Schwandorf passieren wir das monumentale Dampfkraftwerk Dachelhofen, das sich in dieser flachen Feld- und Wiesenlandschaft recht störend ausnimmt, doch bald verschwindet diese Zivilisationsnarbe hinter unseren Rücken. Nach unzähligen Flußkehren erreichen wir Burglengenfeld, einen alten Marktort, überragt von der mächtigen, auf einem Schwammkalkriffels aufgebauten Burg. Die Naab durchbricht hier auf ihrem weiteren Weg das Juragebirge, und aus der flachen Senke wird ein romantisches Flußtal. Das Landschaftsbild ändert sich, die ersten Steilhänge treten an die Ufer heran. Rechts zieht der lange Rücken des Kallmünzer Schloßbergs mit seinen Felsgruppen und Wacholdersäulen vorbei. Wir nehmen uns Zeit, steigen nach dem Wehr in Kallmünz aus den Booten und laufen die paar Serpentinen des steinigen Pfades zur Burgruine hinauf. Ein herrlicher Ausblick ins Naab- und Vilstal ist eine erste Belohnung, die zweite holen wir uns, wieder unten angelangt, in einem der vielen gemütlichen Wirtshäuser. Ein paar Kilometer flußabwärts erwartet uns noch eine Perle des Naabtales, Kloster Pielenhofen, das mit seiner mächtigen Gebäudefront dominierend über dem Wasser emporragt. Nicht weit von hier liegt am Fluß der Campingplatz von Distelhausen, ein ausgezeichneter Ausgangspunkt für Kanuwanderungen auf Naab, Vils, Lauterach und Regen. In Penk, einem vielbesuchten Ausflugsort, wo die Regensburger

Kloster Pielenhofen leuchtet mit seiner breiten Gebäudefront dominierend über dem Fluß.

Nabburg, ein nettes mittelalterliches Städtchen, lädt uns zu einer Besichtigung ein.

Kanuten eine Zeltwiese besitzen, können wir unsere Tour beenden. Bei einer Weiterfahrt macht sich ab Ettershausen der Rückstau des neuen Donaukraftwerks bemerkbar; wir paddeln in einem Stausee. Entschädigt werden wir dafür an der neuen Bootsgasse des Kraftwerks, wo die Boote mit rasanter Geschwindigkeit das Unterwasser erreichen. Nach 1 km am Bootshaus der Regensburger Turnerschaft angelangt, haben wir unser Ziel erreicht.

7 **Schwarzach** Kröblitz – Furtmühle

Stromgebiet Donau

ca. 30 km
2-Tage-Fahrt

Ihre beiden Quellflüsse, die bayerische und die böhmische Schwarzach, die bei Waldmünchen zu kleinen Stauseen mit den klangvollen Namen Silbersee und Perlsee aufgestaut werden, vereinigen sich unterhalb der winzigen Ortschaft Ast zur Schwarzach. Diese ist ab hier für Wildwasserfahrer oder erfahrene Wanderfahrer mit Einer-Booten befahrbar. In Hunderten von kleinen Kehren und Schleifen mäandert sie in einem flachen Wiesental und fließt durch das oberpfälzische Städtchen Rötz. Bald stellt sich dem kleinen Flüßchen der harte Neunburger Granitriegel in den Weg. Eine enge, tiefe Waldschlucht sägte die Schwarzach in das grobblockige Gestein, und in der Wutzenschleife entstand eine wilde Flußlandschaft mit bizzaren Felsformationen. In spritzigen Schwällen steuern wir die Boote an Felsblöcken vorbei und erreichen das ruhige Wasser des vor ein paar Jahren errichteten Stausees, der die dunklen Gewässer der Schwarzach in einen langen Badesee verwandelte. Hier tummeln sich Surfer und Segler. Für uns Kanufahrer endet an der Staumauer die erste Etappe. Der Rest der Schwarzachschlucht ist unterhalb des Sees leider nicht befahrbar; mehr als 10 Mühlen entziehen mit ihren Wehren fast das ganze Wasser. Erst vor Kröblitz weitet sich das Tal. Das abgeleitete Wasser kommt zurück, so daß wir ab hier die Wander-Zweier einsetzen können. In einer hügeligen Landschaft, wo mitunter bewaldete Hänge bis an die Ufer treten, gibt es

Charakter
Sehr stark mäandernder Wiesenfluß mit vielen, teilweise befahrbaren und überwiegend leicht umtragbaren Wehren. Die einzigartige Waldschluchtstrecke unterhalb Rötz in der Wutzenschleife verlangt eine gute Bootsführung. Für Zweierboote und weniger erfahrene Wanderfahrer gute Einsatzstelle in Kröblitz oder Neunburg am Freibad, ab hier als 2-Tage-Fahrt bis Furtmühle zu empfehlen. Wasser mäßig sauber, die Qualität bessert sich, mehrere Kläranlagen sind in Bau. PKW-Begleitung möglich.

Zeltmöglichkeiten
Camping am Perlsee bei Waldmünchen, Eixendorfer See – Gütenland;

viele preisgünstige Wirtshäuser mit Übernachtungsmöglichkeiten.

Sehenswertes
Waldmünchen: Alte Grenzstadt, Marktplatz, Schloß, im Juli Festspiele.
Rötz: Barocke St.-Salvator-Kirche.
Neunburg v. Wald: Schildenturm, gotisches Rathaus, Schloß.
Schwarzhofen: Störche, Marktplatz.
Zangenstein: Burgruine.
Schwarzach: Kapelle am Friedhof.

Karten, Literatur
Generalkarte 1 : 200 000 Blatt 17;
Deutsche Idealkarte 1 : 100 000
Blatt 26; KOMPASS-Wanderkarte
1 : 50 000 Blatt 194.
Kanuwanderführer für Bayern.

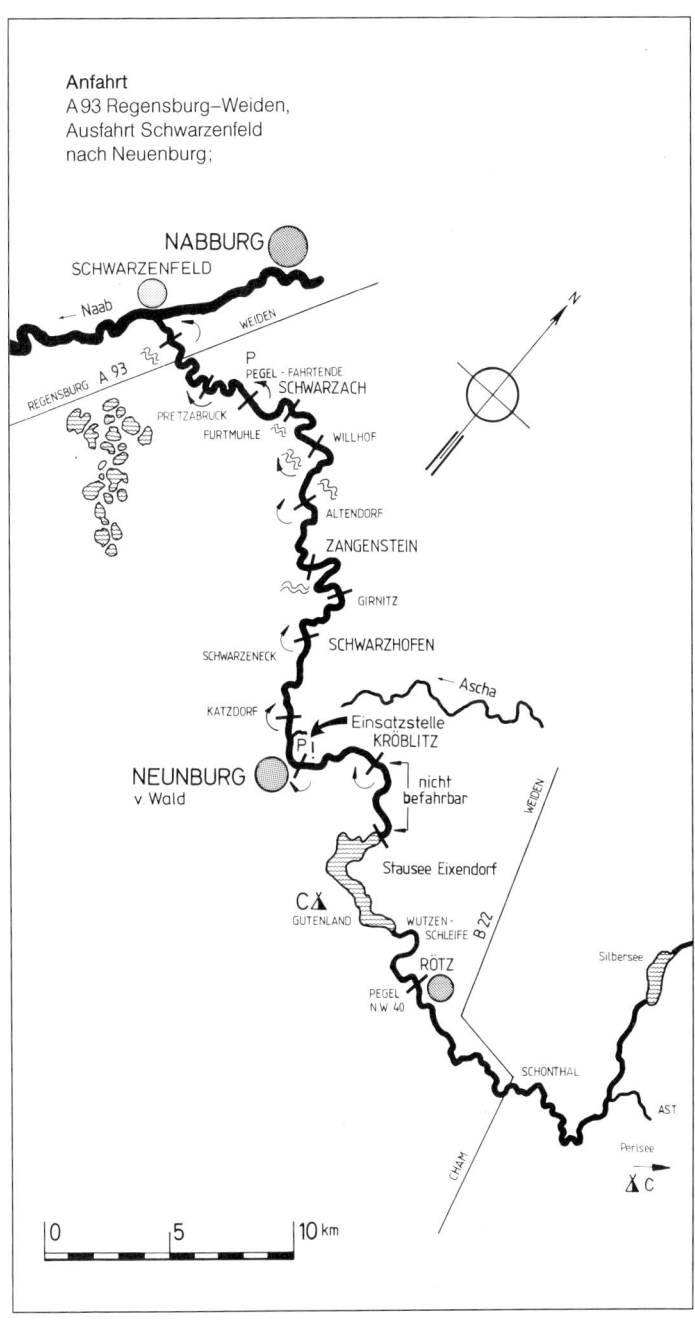

Anfahrt
A 93 Regensburg–Weiden,
Ausfahrt Schwarzenfeld
nach Neuenburg;

NABBURG

SCHWARZENFELD

Naab

WEIDEN

REGENSBURG A 93

N

PRETZABRUCK

FURTMUHLE

P PEGEL - FAHRTENDE
SCHWARZACH

WILLHOF

ALTENDORF

ZANGENSTEIN

GIRNITZ

SCHWARZENECK

SCHWARZHOFEN

Ascha

KATZDORF

P Einsatzstelle
KRÖBLITZ

NEUNBURG
v. Wald

nicht
befahrbar

WEIDEN

Stausee Eixendorf

C
GUTENLAND

WUTZEN-
SCHLEIFE

B 22

Silbersee

RÖTZ

PEGEL
N W 40

SCHÖNTHAL

AST

CHAM

Perisee
C

0   5   10 km

In der Wutzenschleife, unterhalb Rötz, haben Pfadfinder ihr Ferienlager aufgeschlagen.

ten, schlängelt sich die Schwarzach in mäßiger Strömung an kleinen Orten vorbei. Die alte Pfalzgrafenstadt Neunburg mit ihren mächtigen Türmen und Stadtmauern bleibt eine Ausnahme. In Schwarzhofen bewundern wir das große Storchennest am Kirchturm, und von der Burgruine in Zangenstein, deren Schlüssel wir im Wirtshaus erhalten, bietet sich ein weiter Blick in das einsame Tal. An der malerischen kleinen Friedhofskirche in Schwarzach vorbeipaddelnd, lassen wir den Fluß unsere Boote durch die letzten Kehren tragen und beenden kurz nach dem schloßartigen Gebäude der Furtmühle unsere Fahrt. Die kleine Wiese am Flußpegelhäuschen vor der Straßenbrücke bietet sich als ideale Abbaustelle an. Am Parkplatz daneben können wir auch unsere Autos abstellen.

8 Regen

Regen – Regensburg

156 km
Ferienfluß

Stromgebiet Donau

Der Regen ist ein fast ideales Ferienwanderfluß. Für seine Befahrung sollte man sich viel Zeit lassen, um das saubere Wasser, die abwechslungsreiche Landschaft und das gute Bier der anliegenden Gasthöfe zu genießen. Die schönste Zeit für diese Flußwanderung ist der Sommer; da vermischt sich der intensive Duft der schon gemähten Wiesen mit dem Harzgeruch der dunklen Fichten- und Tannenwälder, die den Fluß kilometerweit säumen.

Der erfahrene Kanufahrer setzt bereits im Städtchen Regen sein Boot ins Wasser ein, um die Fahrt durch das noch ursprüngliche Tal des Schwarzen Regen auszukosten. Mit schäumenden Wellen windet sich der Fluß zwischen den Felsen des Bärenlochs und verlangt sichere Bootsführung. Über 30 km sind es bis nach Viechtach; außer der Papierfabrik in Teisnach und Gumpenried treten keine Siedlungen an den Fluß. Doch diese zwei Stellen schmälern etwas den Genuß von »Klein Kanada«; an beiden Wehren muß man die schwerbeladenen Kanus ca. 400 m umtragen. Ein mitgeführter Bootswagen erspart dabei viel Mühe. Dem Anfänger ist zu empfehlen, erst unterhalb Viechtach nach der Regenmühle oder erst in Pulling an der Säge die Fahrt zu beginnen. Ab Viechtach beruhigt sich der bisher sehr schnell laufende Fluß; er wird hier zum Höllensteiner und anschließend zum Blaibacher See aufgestaut. Vor

Ungebändigt strömt der Schwarze Regen durch das Bärenloch.

uns liegen 8 km ruhiges Wasser und zwei Umtragestellen. Auch hier leistet der Bootswagen gute Dienste. Oberhalb Pulling vereinigt sich der Schwarze Regen mit dem vom Arber fließenden Weißen Regen. Es geht weiter durch ein helles, freundliches Tal, an Miltach und Blaibach vorbei. Noch kommen ein Felslabyrinth und mehrere leichte Stromschnellen. Darauf folgt ein ruhiger Abschnitt und vor Chamerau die schöne Floßgasse, eine nasse Herausforderung für Kanufahrer, die es »wissen wollen«. Mit leerem Boot und etwas Können ist diese Stelle auch mit dem Zweier zu meistern. Für den normalen Wanderer ist es aber ratsam, das Kanu rechts über den trockenen Teil der Wehrkrone hinüberzuschieben. Nach Chamerau verläßt der Fluß das enge Tal und mäandert langsam durch die breite Further Senke Cham entgegen. Vor uns tauchen die Türme der St.-Jakobs-Kirche auf. Störche hausen noch am alten Wasser-

Charakter

Mit fast 200 km der längste Fluß der Oberpfalz. Wird ab Blaibach als Bootswanderweg ausgebaut. Sehr sauberes Wasser. Abwechslungsreiche Landschaft. Unterhalb von Regen traumhaft schönes Tal, über 30 km ohne Siedlung. Hier sehr schnelle Strömung mit Felsen im Flußbett, im Bärenloch und am Gumpenrieder Schwall Wildwasserschwierigkeit. Von Viechtach bis Pulling Stauseen, hier lange Umtragestellen. Ab Pulling leicht zu fahren, viele Bademöglichkeiten. Alle Wehre ab Chamerau sind bei normalem Wasserstand leicht zu umtragen, Ausnahme das Wehr in Cham. Flußabwärts von Ramspau teilweise Flußkanalisierung, Landschaft verbaut. Wer nicht unbedingt in die Donau hineinfahren möchte, tut gut, in Ramspau oder Regenstauf die Fahrt zu beenden. Bei mittlerem Wasserstand (Pegel in Regen 60–80 cm) mit allen Booten fahrbar; Vorsicht in felsigen Abschnitten mit Faltbooten! Bootswagen im oberen Teil empfehlenswert. PKW-Begleitung am Fluß erst ab Pulling durchgehend möglich.

Zeltmöglichkeiten

Camping Regen, Viechtach, Schnitzmühle, Blaibach, Cham, Roding, Regensburg, Mariental; Zeltwiese in Ramspau. Viele preisgünstige Gasthöfe mit paddlerfreundlichen Wirten.

Sehenswertes

Regen: Stadtplatz mit Bürgerhäusern, Burgruine Weißenstein, Pichelsteiner Fest.

Viechtach: Rokokokirche, restaurierte Kaufmannshäuser, Naturdenkmal »Großer Pfahl«.

Cham: Stadtkern mit St.-Jakobus-Kirche, Rathaus, Biertor, Vogelschutzgebiet Röthelsee.

Thierlstein: Schlößchen mit Aussicht in die Further Senke.

Roding: Teile der Stadtbefestigung, Renaissance-Rathaus, Klöster Walderbach und Reichenbach, mit romanisch–barocken Kirchen.

Stefling: Burgkapelle mit Rokokoaltar.

Stockenfels: Burgruine »Bierpanscherwalhalla«, Regenknie.

Ramspau: Liebliches Schlößchen mit Zwiebeltürmen.

Regenstauf: Schloßberg mit Aussichtsturm.

Regensburg: Alte Reichsstadt, mittelalterlicher Ortskern, Dom, Steinerne Brücke, Wurstkuchl, Rathaus, Schloß, Klöster, Walhalla (u. v. a.).

Karten, Literatur

Generalkarte 1:200 000 Blatt 20; Deutsche Idealkarte 1:100 000 Blatt 26; KOMPASS-Wanderkarte 1:50 000 Blatt 194, 195; Kanuwanderführer für Bayern; Deutsches Flußwanderbuch; Kanu-Sport 1978.

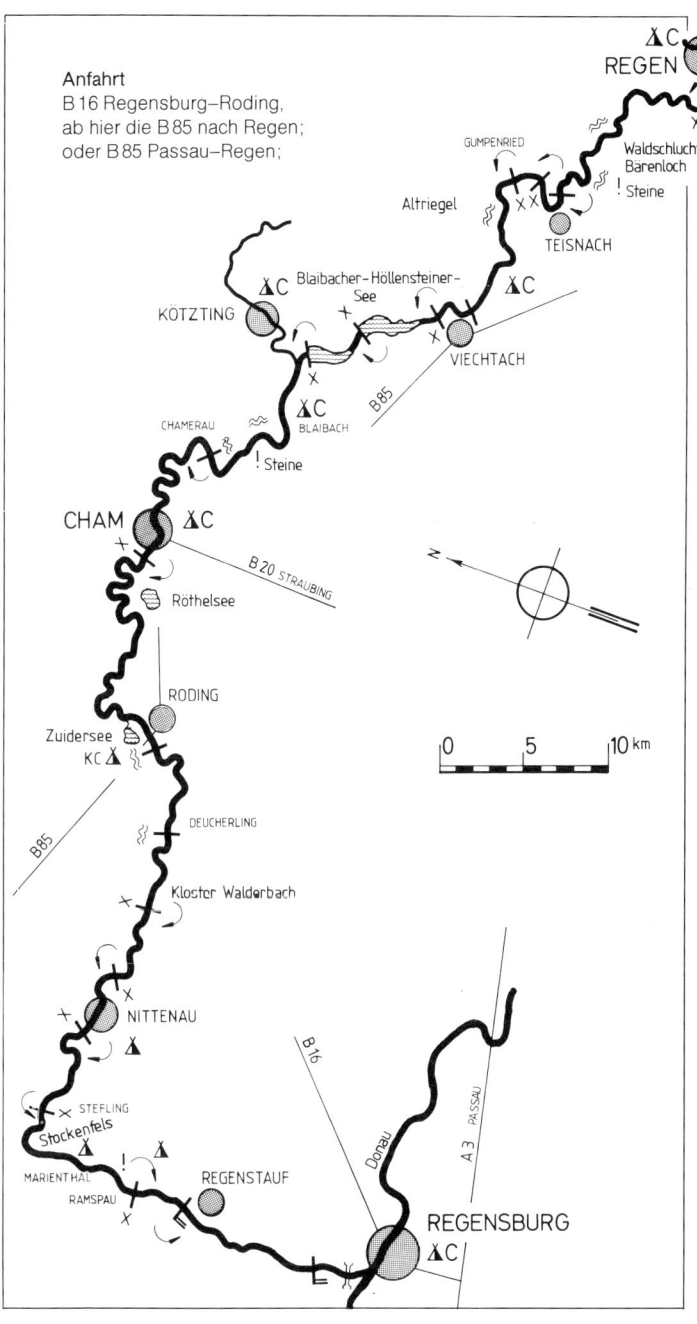

Anfahrt
B 16 Regensburg–Roding,
ab hier die B 85 nach Regen;
oder B 85 Passau–Regen;

REGEN

GUMPENRIED

Waldschlucht
Bärenloch
! Steine

Altriegel

TEISNACH

Blaibacher-Höllensteiner-
See

KÖTZTING

VIECHTACH

B 85

CHAMERAU

BLAIBACH

! Steine

CHAM

B 20 STRAUBING

Röthelsee

RODING

Zuidersee
KC

B 85

DEUCHERLING

Kloster Walderbach

NITTENAU

B 16

Donau

A 3 PASSAU

STEFLING

Stockenfels

MARIENTHAL

RAMSPAU

REGENSTAUF

REGENSBURG

0   5   10 km

turm, und am Regenufer wartet ein netter Campingplatz auf müde Wanderer. Die Altstadt lädt zum Aufenthalt ein. In einem ihrer Häuser wurde der berühmte Seemann Graf Luckner geboren, dem Frankreich für seine Verdienste die Marseillaise widmete. Bei der Stadtausfahrt bereitet uns das Wehr etwas Schwierigkeiten, eine längere Umtragestelle ist zu bewältigen. An den Röthelseeweihern vorbei erreichen wir nach einer gemächlichen Tagesfahrt den Markt Roding, einen Flecken mit gemütlichen Gasthäusern im alten Ortskern. Das zerfallene Wehr ist nach vorheriger Besichtigung befahrbar. Flußabwärts rücken die bewaldeten Hänge wieder näher, und das noch immer saubere Wasser trägt die Kanus an den beiden weit sichtbaren Klöstern Walderbach und Reichenbach vorbei nach Nittenau, dem Hauptort am unteren Regen. Nach der Nittenauer Ebene wird die Strömung schneller, die Landschaft romantischer. Rie-

Sorgfältig werden die großen, wasserdichten Bootssäcke bepackt.

sige Findlinge liegen im Wasser. Vorbei an Hof, einem alten Adelssitz, kommen wir nach Stefling mit dem hoch am Felsen gebauten Schloß. Nach einem Wehr zwängt sich der Fluß in ein immer enger werdendes Tal. Im Flußbett liegen hier und da Granitblöcke und Überreste von Felsriegeln, die der Regen auf seinem Weg durchs Gebirge durchbrochen hat. Wie vorsintflutliche Ungeheuer versperren sie den Weg und zwingen uns zum Manövrieren. Dort, wo das Gestein am härtesten ist, bildet der bisher nach Nordwesten fließende Regen einen scharfen Knick – das Regenknie – und sucht endgültig seinen Weg in südlicher Richtung. Hier am Regenknie, hoch oben am Berg, hausen in der Burgruine Stockenberg angeblich die Geister der Bierbrauer und Wirte, die es mit dem gerechten Maß und dem strengen Braugesetz bei Lebzeiten nicht so ernst genommen haben. Nach einigen Kilometern verschwinden die vielen Steine im Flußbett, die Berge treten zurück, und der Regen verlangsamt seinen Lauf. Am verspielten Barockschlößchen des Freiherrn von Pfetten in Ramspau tragen wir die Boote übers Wehr. Bald erreichen wir Regenstauf, wo sich vom Schloßberg eine weite Aussicht ins Tal bietet. Es erwarten uns noch zwei Floßgassen, deren hohe Wellen für eine feuchte Überraschung sorgen können. Man kann die Boote aber auch umtragen. Die Besiedlung wird dichter, der Fluß in ein gerades Bett gezwungen, und nach einer langen Wanderfahrt erreichen wir endlich bei Regensburg die Donau.

Dunkle Fichtenforste des Bayerischen Waldes umsäumen den glitzernden Fluß.

9 Ilz

Stromgebiet Donau

Schrottenbaummühle –
Passau

25 km
1–2-Tage-Fahrt

Tief im harten Urgestein des Bayerischen Waldes eingeschnitten, von felsigen Waldhängen umsäumt, rauscht die Ilz in vielen Windungen zur Donau. Von oben sieht ihr Wasser schwarz wie Tinte aus . . . So beschrieb sie vor mehr als hundert Jahren der Heimatdichter Adalbert Stifter. Doch es ist ein klares Moorwasser, das die drei Quellflüsse, die Große, Kleine und Mitternacher Ohe, aus den Filzen zwischen Rachel und Lusen zuführen.

Unsere Wanderboote können wir bei gutem Wasserstand schon an der Schrottenbaummühle einsetzen. Die Wehrkrone sollte überfluttet sein, damit wir ohne Grundberührungen im steinigen Flußbett durchkommen. Es ist eine herrliche Fahrt durch die grüne Waldschlucht. Im Sommer säumen Gilbweiderich und balsamduftender Ziest die steilen Ufer, die nur selten von kleinen Waldwiesen unterbrochen werden. Am Zusammenfluß der Wolfsteiner Ohe mit der Ilz blickt Schloß Fürsteneck, über dessen Herren sich die Einheimischen schaurige Geschichten erzählen, vom Felsporn ins Tal. An Kalteneck vorbei verlieren sich unsere Kanus, unter der neuen Straßenbrücke hindurch, wieder im einsamen Tal. Nur ein Wander-

Charakter

Im Oberlauf schnelle Strömung, Steine im Flußbett. Bei Wasserpegelstand 1,20 m in Kalteneck mit Zweierbooten ab der Schrottenbaummühle gut befahrbar. Vorsicht mit Faltbooten: viele Felsen im Fluß. Landschaft streckenweise noch unberührt. Großartige Waldschlucht, aber leider mit der Talsperre entwertet. Die Wolfsteiner Ohe ist bis in den Frühsommer ab der Heiblmühle mit drei leicht zu umtragenden Wehren ein ähnlich schöner Wanderfluß. PKW-Begleitung bei beiden Flüssen nicht möglich, nur Anfahrten zu den Brücken.

Zeltmöglichkeiten

Schrottenbaummühle, Aumühle, Passau DKV-Platz oder Camping an der Donau.

Sehenswertes

Fürsteneck: Ehem. Burg, fürstbischöfliches Schloß, barocke Schloßkapelle.
Kalteneck: Ruine der Raubritterburg Angerberg.
Hals: Burgruinen, Wallfahrtskirche St. Achatius, viele nette Wirtshäuser, schönes Flußbad an der Ilz.
Passau: Nach Alexander v. Humboldt eine der sieben schönsten Städte der Welt, einmaliges Stadtpanorama, St.-Stefans-Dom, viele Kirchen, Residenz, Burg-Oberhaus mit Museum, Schlößer im Stadtpark, Rathaus (u. v. a.).

Karten, Literatur

Generalkarte 1 : 200 000 Blatt 20;
Deutsche Idealkarte 1 : 100 000
Blatt 31; KOMPASS-Wanderkarte
1 : 50 000 Blatt 197;
Kanuwanderführer für Bayern; Deutsches Flußwanderbuch.

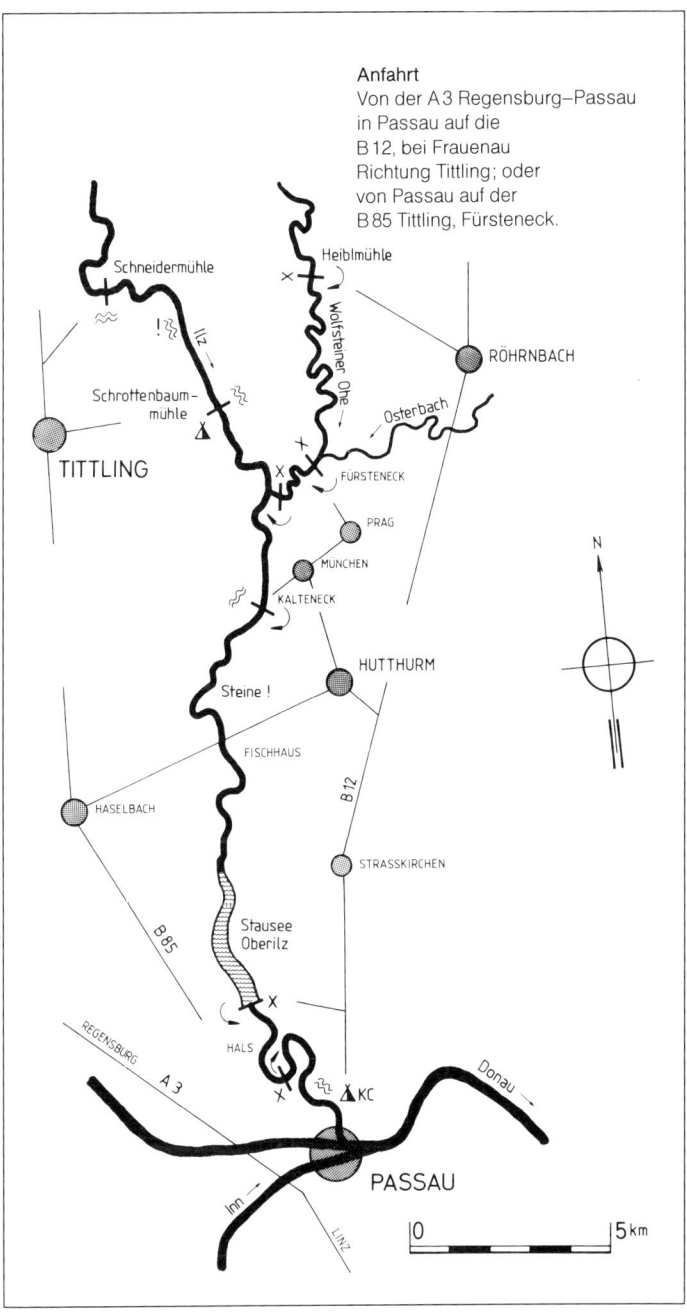

Anfahrt

Von der A3 Regensburg–Passau
in Passau auf die
B12, bei Frauenau
Richtung Tittling; oder
von Passau auf der
B85 Tittling, Fürsteneck.

Schneidermühle

Heiblmühle

RÖHRNBACH

Ilz

Wolfsteiner Ohe

Osterbach

Schrottenbaum-
mühle

TITTLING

FÜRSTENECK

PRAG

MÜNCHEN

KALTENECK

N

HUTTHURM

Steine !

FISCHHAUS

B12

HASELBACH

STRASSKIRCHEN

B85

Stausee
Oberilz

REGENSBURG   A3

HALS

KC

Donau

Inn

LINZ

PASSAU

0   5 km

43

weg führt am Fluß entlang. Weiter abwärts lockt die Siedlung Fischhaus mit einer großen Liegewiese sonnenhungrige Urlauber an die Ilzufer. Bald macht sich der Rückstau des großen E-Werks an der Oberilztalmühle bemerkbar. Die Strömung läßt nach, und die großen Felsblöcke, die uns am Fluß begleiteten, verschwinden im tiefen dunklen Wasser des Stausees. Mehrere Kilometer paddeln wir durchs ruhige Wasser; nur ein paar Surfer und kleine Segelboote kreuzen unseren Weg. Im Spätsommer zeigen sich bei Niedrigwasser an den Ufern Narben der fortschreitenden Bodenerosion, Auswirkung des schwankenden Wasserspiegels. Bei der Staumauer landen wir rechts an der Bootstreppe; das Umtragen ins Unterwasser ist nicht schwierig. Die flußabwärts liegende ehemalige Triftsperre fahren wir scharf rechts. In der engen Halser Schleife ist die Ilz durch das nächste E-Werk aufgestaut, noch einmal müssen wir umtragen. Der Schwan von der Ilzinsel kommt mit angehobenen Flügeln bedrohlich nah, also nichts wie aus dem Wasser! Die Flußverbauer verwünschend, laufen wir zur Burgruine, um die einmalige Halsenge von oben zu betrachten. Die Kehre durch die Ortschaft ist fast trocken; man kann sie nur bei gutem Wasser im Frühling befahren. Nach der Brücke im Ort setzen wir wieder ein, und knapp vor Passau flitzen unsere Boote über ein verfallenes Wehr. Wir legen rechts am Bootshaus der Faltbootabteilung des Turnvereins Passau an, und nach Anmeldung dürfen wir hier auch zelten.

Bei Fischhaus beruhigt sich die Ilz, die letzten Felsen liegen noch im Flußbett.

10 Isar

Gottfrieding – Isarmünd

44 km
Stromgebiet Donau   1–2-Tage-Fahrt

Auf ihrem 300 km langen Weg durchfließt die Isar, der bayerischste aller Flüsse, von den Alpen bis zur Mündung in die Donau bei Deggendorf die verschiedensten Landschaften. Ihr Wasser wird von der Bevölkerung fast restlos genutzt. Viele Verbauungen, die überwiegend in den sechziger Jahren entstanden sind, machen durch starke Wasserentnahme und hohe Staumauern eine durchgehende Flußbefahrung unmöglich. Es bleiben dem Kanuwanderer nur noch zwei lohnende Abschnitte übrig. Der erste, von Bad Tölz bis München, ist sehr von ausreichendem Wasserstand abhängig und zählt mehr zum Wildwasser. Unser Wandervorschlag ist dem zweiten, dem wenig bekannten Flußabschnitt von Gottfrieding bis zur Mündung gewidmet. Hier fließt die

Isar in einer parkähnlichen Landschaft, nur wenige Orte berührend, völlig einsam in sanften Schleifen durch Auwälder und Wiesen. Wegen der jährlichen Hochwasser-Überschwemmungen wurden die Siedlungen nur auf Schotterrücken und in größerer Entfernung vom Fluß gebaut. So bleiben wir alleine mit unseren Booten auf dem flott fließenden Wasser. Bei einem Start nach dem Wehr in Gottfrieding liegen über 40 km Kanufahrt, mit zwei Umtragestellen an neuen Staudämmen in Zulling und bei Ettling vor uns. In Usterling legen wir in einer kleinen Bucht rechtsufrig an, um zum einmaligen Naturphänomen, dem »Wachsenden Stein« kurz hinaufzuwandern. Ein paar Spazierminuten hinter dem Dorf läßt ein kleines kalkhaltiges Quellbächlein,

Charakter
Schnellfließendes Zahmwasser. Ab Zulling keine künstlichen Verbauungen, doch Brückenpfeiler, neue Brückenbaustellen und alte Pfähle im Fluß verlangen stellenweise aufmerksames Paddeln. Insgesamt ist die Kanufahrt ein herrliches Dahintreiben. Im Mündungsbereich völlig einsam, ein Hauch von Urlandschaft, Fischreiherkolonien. Wasser leidlich sauber, kleine Kiesbänke, mehrere einsame Zeltmöglichkeiten, schöne Badeplätze. Für alle Boote, auch Faltboot-Zweier gut befahrbar. PKW-Begleitung nur an Kontaktstellen – an den Brücken – möglich.

Zeltmöglichkeiten
Plattling – Wiese am Bootshaus, nach Anfrage neben Sportplatz in Oberpöring, Zulling.

Sehenswertes
Usterling: »Wachsender Stein« (Sinterfels), Waldkapellen.
Landau: Weißgerberhaus, spätgotische St.-Johannis-Kirche.
Plattling: Alte Pfarrkirche, Basilika St. Jakob am Friedhof. Vor der Isarmündung Reiherkolonie (NSG).

Karten, Literatur
Generalkarte 1:200 000 Blatt 20;
Deutsche Idealkarte 1:100 000 Blatt 31, 30;
Kanuwanderführer für Bayern; D sches Flußwanderbuch.

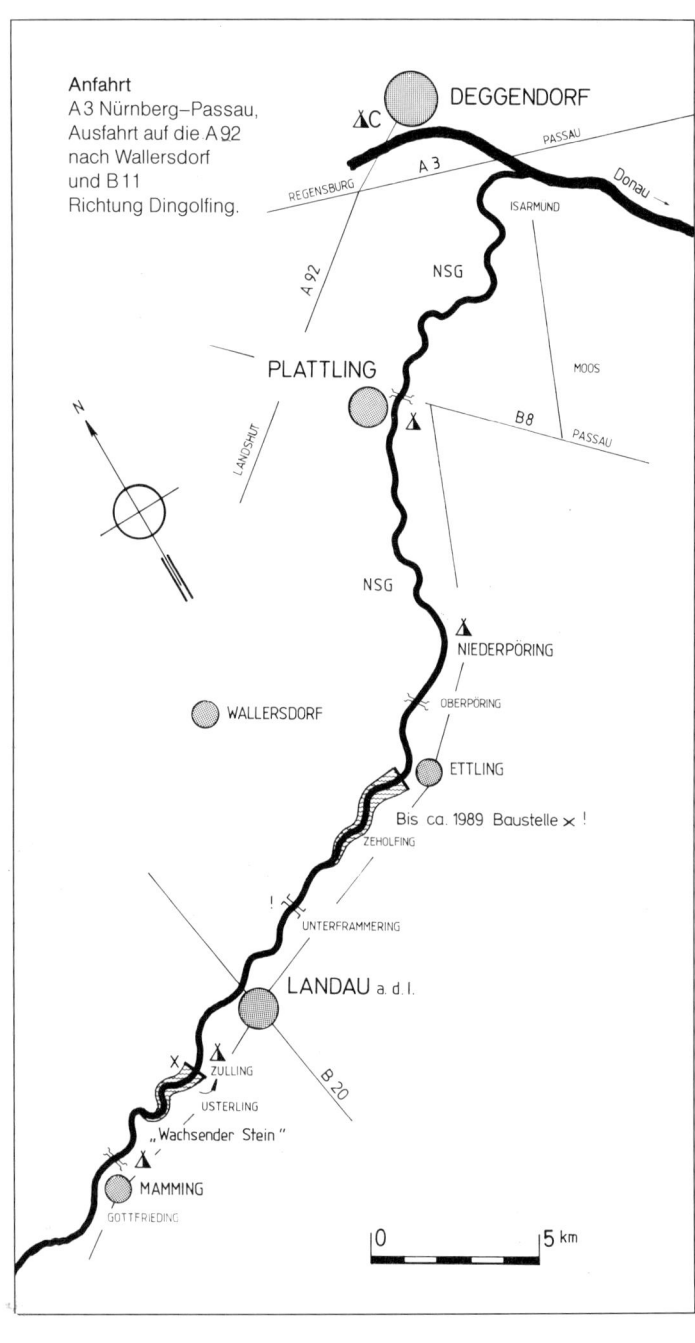

Anfahrt
A 3 Nürnberg–Passau,
Ausfahrt auf die A 92
nach Wallersdorf
und B 11
Richtung Dingolfing.

DEGGENDORF

C

PASSAU

REGENSBURG

A 3

Donau

A 92

ISARMUND

NSG

MOOS

N

PLATTLING

B 8

PASSAU

LANDSHUT

NSG

NIEDERPÖRING

WALLERSDORF

OBERPÖRING

ETTLING

Bis ca. 1989 Baustelle ✕ !

ZEHOLFING

!

UNTERFRAMMERING

LANDAU a. d. I.

B 20

✕

ZULLING

USTERLING

„Wachsender Stein"

MAMMING

GOTTFRIEDING

0   5 km

das in einer steinernen Rinne den Hang herunterplätschert, unter sich eine 4 m hohe Sintermauer wachsen, um am Ende von ihr in dünnem Wasserfall herunterzuspringen. Zwei Waldkapellen in unmittelbarer Nähe bilden einen hübschen Rahmen für den kleinen Wallfahrtsort. Wieder am Wasser angelangt, lockt uns nach ein paar Kilometern Landau, die alte Herzogsstadt, zur Besichtigung. Ab hier sehen wir uns der Baustelle des Sohlstützschwellenwehrs Ettling gegenüber, die wir bis zur Fertigstellung im Jahre 1989 mit dem Auto umfahren müssen. Nachher trägt uns die Isar im flotten Lauf an der weit sichtbaren Maria-Burg-Kapelle vorbei. Nach einer Fahrt durch das ausgedehnte Fischreiherschutzgebiet im Kleinwachser Holz erreichen wir Plattling.

Rechts an der Straßenbrücke finden wir das Bootshaus des Kanuvereins; hier ist ein guter Anlegeplatz. Eine Besichtigung der 1000jährigen romanischen St.-Jakobs-Basilika sollen wir uns nicht entgehen lassen. Am Horizont nähert sich die blaue Kulisse des Bayerischen Waldes. Die Fahrt wird etwas langsamer. Hier, wo die Isar mit der Donau im fast rechten Winkel zusammenprallt, bildet sich bei Donauhochwasser oft ein Stau. Weite Gebiete werden dabei deltaartig überschwemmt. Am rechten Ufer entlangpaddelnd, erreichen wir nach ca. 1 km Donaufahrt die versandete Anlegestelle der ehemaligen Fähre bei Isarmünd, den Endpunkt unserer Wanderung. Bevor wir die Boote auf dem Autodach befestigen, können wir hier auch noch schön baden.

Der »Wachsende Stein« in Usterling, ein Phänomen nur ein paar Schritte vom Fluß entfernt.

Der Wasserpegel bei Zeholfing verspricht eine gute Fahrt auf der Isar.

11 Inn

Stromgebiet Donau

Jahrhundertelang diente der bis in die fünfziger Jahre noch völlig unverbaute Inn als wichtige Wasserhandelsstraße zwischen Tirol, Bayern und Wien. Nach einer 300 km langen Strecke durch die Alpen fließt er, in Bayern ankommend, zuerst vor Rosenheim in ein breites, vermoortes Gletscherbecken, gräbt sich weiter nördlich in die leicht ansteigende Schotterterrasse der eiszeitlichen Gletschermoräne immer tiefer ein und durchsägt diese zwischen Wasserburg und Mühldorf in weiten, regelmäßigen Schleifen. Bei Marktl, wo die Landschaft wieder flacher wird, nimmt er von rechts die wasserreiche Salzach auf und läuft durch viele Stauseen nach Passau, wo er seine milchig-grünen Gewässer mit der Donau vermischt.

Für unsere Kanuwanderung wählen wir den zwar auch verbauten, jedoch landschaftlich abwechslungsreichsten sowie einsamen

Charakter
Große Wassermengen führender Fluß. In der Zeit der Schneeschmelze Hochwasser. Sehr schön im Spätsommer zu befahren. Nach den Stauwehren teilweise Flußbettverengungen mit Schwallbildung; oberhalb der Wehre lange ruhige Strecken. Wasser milchig trüb, grünlich, jedoch sauber und sehr kalt; große Tiefen, darum immer Schwimmweste anlegen. Strecke zwischen Jettenbach und Mühldorf gute Strömung, mit natürlichen Stufen und Felsen im Flußbett, doch keine Schwierigkeiten. Alle Umtragestellen an den Wehren sind vorbildlich gekennzeichnet, überwiegend mit Treppen und Anlegerampen versehen. An der Staumauer vor Simbach ist zu empfehlen, lieber rechts (am österreichischen Ufer) umzutragen – einfacher und kürzer. Personalausweis mitführen. Mitnahme eines Bootswagens ist notwendig, da Umtragelängen zwischen 200 und 500 m zurückzulegen sind. Landschaftlich sehr eindrucksvoll. Geeignet für Wanderfahrer mit etwas Erfahrung und für alle Bootstypen. PKW-Begleitung nicht möglich, nur an Brücken und Wehren Kontaktmöglichkeiten.

Zeltmöglichkeiten
Kraiburg, Campingplatz Mühldorf, viele einsame Zeltplätze am Fluß.

Sehenswertes
Wasserburg: Herrliche Altstadt auf einer schmalen Landzunge, Schloß, gotische Pfarrkirche, Herrenhaus, Kernhaus, Frauenkirche.
Gars: Kloster mit Kirche.
Au: Augustinerkloster, Schloß Stampfl.
Kraiburg: Altes Städtchen, Marktplatz, Burgruine.
Mühldorf: Prächtige Bürgerhäuser am Marktplatz, St.-Nikolaus-Kirche.
Altötting: Bedeutendster Wallfahrtsort Bayerns, Gnadenkapelle, Stiftskirche, Schatzkammer.

Karten, Literatur
Generalkarte 1 : 200 000 Blatt 23;
Deutsche Idealkarte 1 : 100 000 Blatt 31, 35;
Kanuwanderführer für Bayern; Deutsches Flußwanderbuch.

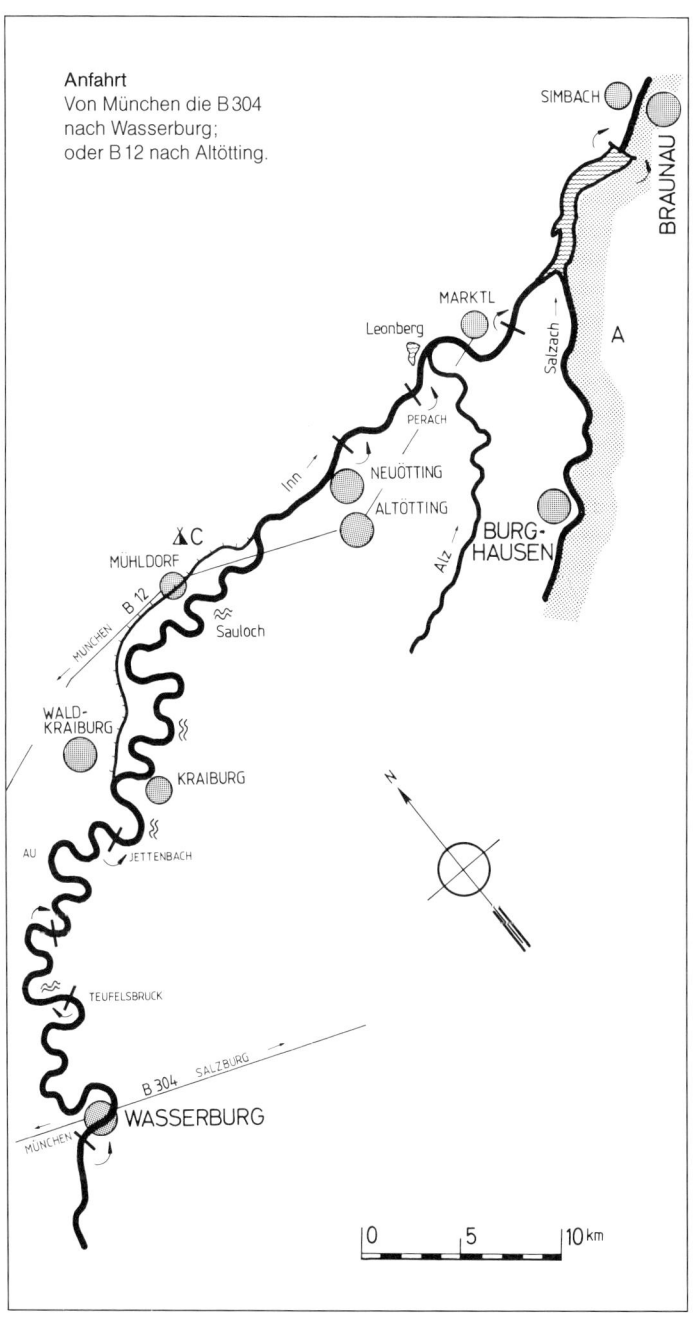

Anfahrt
Von München die B 304
nach Wasserburg;
oder B 12 nach Altötting.

SIMBACH

BRAUNAU

MARKTL

Leonberg

Salzach

A

PERACH

Inn

NEUÖTTING

ALTÖTTING

▲ C

MÜHLDORF

MÜNCHEN B 12

Sauloch

Alz

BURG-
HAUSEN

WALD-
KRAIBURG

KRAIBURG

AU

JETTENBACH

N

TEUFELSBRUCK

B 304   SALZBURG

MÜNCHEN

WASSERBURG

0   5   10 km

Flußabschnitt zwischen Wasserburg und Braunau. Während dieser ca. 100 km lernen wir alle Gesichter der Innlandschaft kennen. Hier wechseln steile, bewaldete Hänge der Schotterterrassen mit niedrigen Wiesenufern, die engen Passagen der Umlaufschleifen bei Wasserburg und Kraiburg bilden einen krassen Gegensatz zu der weit offenen Flußlandschaft der Innauen am Zusammenfluß mit der Salzach. Obwohl wir immer wieder an Zeugen des menschlichen Daseins – Städten, Klöstern und Staudämmen – vorbeikommen, bleibt das Tal sehr einsam und vom hektischen Straßenverkehr weitgehend verschont. Nur Wanderwege führen an den Ufern entlang, und wenige Brücken überspannen den ruhig dahinziehenden Fluß. Unsere Kanutour beginnt in Wasserburg, wo wir unterhalb des Wehrs im Angesicht der loggiengeschmückten Häuserreihen unsere Boote ins Wasser lassen. Das Ocker und Gelb der Fassaden, an denen unsere Kanus vorbeigleiten, strahlt einen Hauch

Eine der vorbildlich markierten Umtragestellen an den Staustufen – hier bei Perach.

Italien aus. Der Inn schmiegt sich wie ein leuchtend grünes Band an die malerische Stadtkulisse, die uns immer neue Anblicke zeigt, bevor wir im dunklen Grün des Flußtales verschwinden. Nach 12 km ruhiger Fahrt sehen wir zum erstenmal das blaue Schild mit weißem Pfeil, das uns eine Umtragestelle anzeigt. Sie liegt am Teufelsbrucker Staudamm; bis nach Braunau folgen ihm noch weitere fünf. Nach dem Wiedereinsetzen fließt der Inn etwas schneller, ein langgezogener Schwall verlangt beim Paddeln etwas Aufmerksamkeit. Durch die Baumkronen leuchtet bei Gars die sehenswerte alte Klosterkirche St. Maria zum Fluß herunter, und in Au begleitet uns der langgezogene Bau des herrlichen Augustinerklosters. Eine flotte Strömung nach dem Stauwerk in Jettenbach signalisiert die Nähe der kleinen, stillen Stadt Kraiburg, deren alte Bürgerhäuser sich dicht unter dem Burghügel ducken. Eine kleine Wiese am Flußpegel bietet Platz für einige Zelte, und so können wir abends am alten Marktplatz unter Laubengängen herumspazieren und die friedliche Bürgerlichkeit des schlummernden Städtchens genießen. Am nächsten Tag liegt eine lange natürlicherhaltene, landschaftlich sehr abwechslungsreiche Strecke mit guter Strömung vor uns. In Mühldorf, einer alten Salzhandelsstadt mit langgezogenem Marktplatz, erwartet uns eine kitzlige Schwallstufe, das »Sauloch« – die wir jedoch auch mit Faltbooten gut bewältigen. Es folgt das Wehr in Neuötting. Von hier ist es nicht weit nach Altötting, dem berühmten bayerischen Wallfahrtsort, dessen Schwarze Muttergottes bis heute unzählige Pilger anzieht. Vor Marktl, unter dem Leonberg, wo vor vielen Jahrhunderten in einer

Viele Flußarme bildet der Inn vor der Mündung der Salzach.

stürmischen Frühlingsnacht die ganze Burg mitsamt ihren Bewohnern in den Hochwasser führenden Fluß stürzte, mündet von rechts die aus dem Chiemsee eilende Alz in den Inn. Linksufrig lockt das ausgedehnte Erholungsgebiet mit vielen klaren Badeseen zum längeren Aufenthalt. Nach dem Stammhammer Wehr beginnt der große Inn-Salzach-See, dessen unzählige grüne Inseln seltenen Wasservögelkolonien Schutz bieten. An der Staumauer vor Simbach angelangt, nach einer mühsam gepaddelten Strecke im stehenden Wasser, tragen wir die Boote um und landen nach ein paar Kilometer im bayerischen Simbach vor der Straßenbrücke. Gegenüber, in Österreich, liegt die reizvolle Stadt Braunau.

Wasserburg am Inn – mächtig ragt das Herrenhaus über die geschlossene Stadtkulisse.

12 **Salzach**

In ihrem Oberlauf durch die Kitzbühler und Salzburger Alpen ist die Salzach eines der schwierigsten alpinen Wildwasser, das nur wirklichen Könnern vorbehalten bleibt. Ab Freilassing, wo sie den bayerischen Boden betritt und die Gletscherwasser führende Saalach aufnimmt, strömt sie einsam im teilweise regulierten Kiesbett als Grenzfluß mit großer Geschwindigkeit durch ein breites, flaches Gletscherbecken. Weite Auwälder mit gut erhaltenen Hainbuchen- und Eichenbeständen prägen das Landschaftsbild.

Bei Laufen sägt die Salzach in zwei ausgeprägten Umlaufschleifen einen harten Moränenriegel durch, um sich nachher bis Tittmoning in ruhigen Bögen zwischen niedrigen Schotterhügeln durchzumogeln. Beide Städte, Laufen und Tittmoning, lohnen einen Landgang. Gegründet als römische Siedlungen, haben sie bis heute ihren südlichen Charakter behalten, den ihnen die typischen Giebelfronten entlang des Flusses verleihen.

Auf ihrem weiteren Lauf gräbt sich die Salzach immer tiefer in den

Charakter

Auf 60 km noch unverbauter, sehr schnell fließender Gletscherfluß mit milchig-grauem, jedoch sauberem Wasser. Wegen eiskalter Wassertemperaturen und schneller Strömung in jedem Fall mit Schwimmweste fahren. Bei niedrigem Wasserstand öfter Kiesbänke, in der Laufener Schleife Schwall mit hohen Wellen, links umfahrbar, sonst keine wassertechnischen Schwierigkeiten. Für alle Bootstypen, auch Faltboote, geeignet. Günstige Einsatzstelle in Hagen an der Mündung der Saalach. Ab Freilassing Grenzfluß. Betreten des österreichischen Ufers nur in Laufen, Tittmoning und Burghausen möglich (mit Personalausweis); außeramtliche Landestellen für Kanufahrer in Österreich noch in Wanghausen und Frauenberg.

Zeltmöglichkeiten

In Wanghausen und Frauenberg bei Bauern, in Raitenhaslach am Wirtshaus, in Simbach a. Inn vor der Brük-

ke; schöne Campingplätze oberhalb von Tittmoning und am Waginger See können als Stützpunkte für mehrere Flußfahren in der Umgebung dienen.

Sehenswertes

Laufen: Wehrkirche Maria Himmelfahrt,
Eisenbrücke über die Salzach, restaurierte alte Häuser.
Tittmoning: Burg mit Schützenscheiben-Museum, römische Ausgrabungen, Marktplatz.
Raitenhaslach: Kloster, Barockkirche.
Burghausen: Burganlage, Altstadt, Wöhrsee.
In Österreich: Salzburg und Braunau.

Karten, Literatur

Generalkarte 1:200 000 Blatt 26, 23;
Deutsche Idealkarte 1:100 000
Blatt 31, 35;
Kanuwanderführer für Bayern; Deutsches Flußwanderbuch; Kanusport 7/1978.

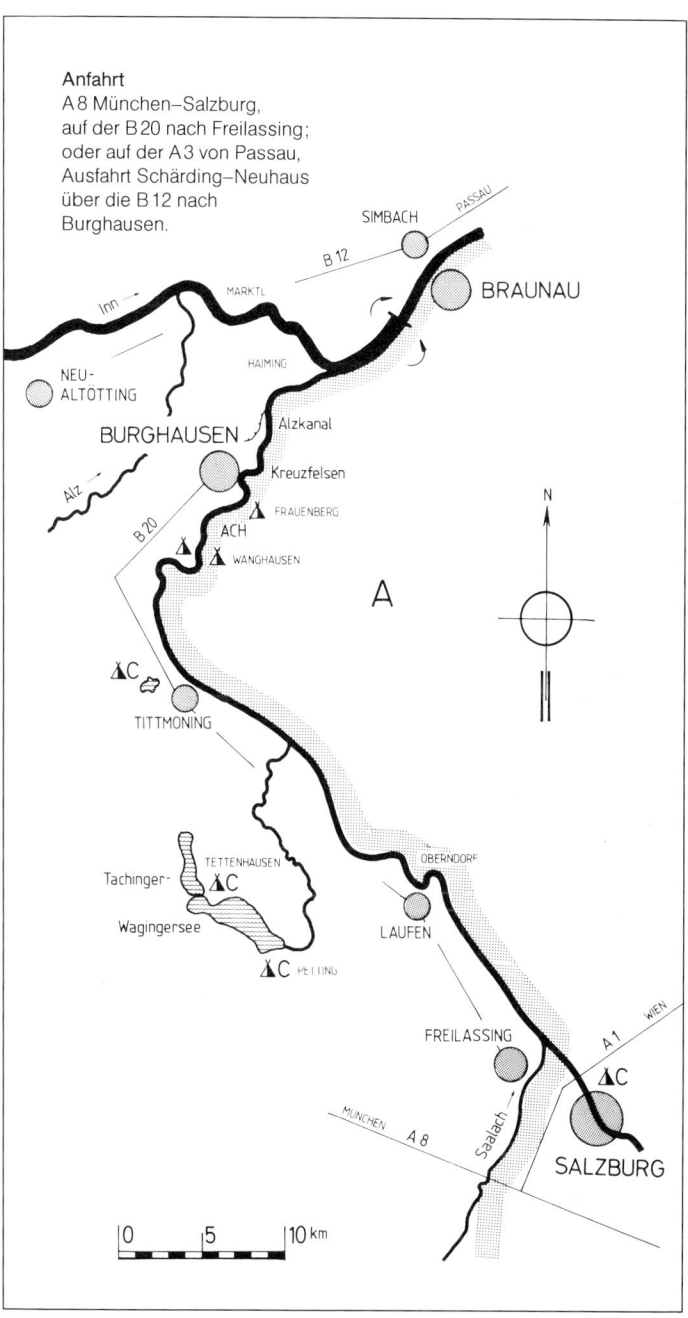

Anfahrt
A 8 München–Salzburg,
auf der B 20 nach Freilassing;
oder auf der A 3 von Passau,
Ausfahrt Schärding–Neuhaus
über die B 12 nach
Burghausen.

PASSAU
SIMBACH
B 12
BRAUNAU
Inn
MARKTL
NEU-
ALTÖTTING
HAIMING
BURGHAUSEN
Alzkanal
Alz
Kreuzfelsen
B 20
FRAUENBERG
ACH
WANGHAUSEN
A
N
C
TITTMONING
OBERNDORF
TETTENHAUSEN
Tachinger-
C
Wagingersee
LAUFEN
C PETTING
FREILASSING
A 1
WIEN
C
MÜNCHEN
A 8
Saalach
SALZBURG

0 5 10 km

53

Die alte Wehrkirche in der Laufener Schleife.

großen Moränenwall ein. Hier begegnet man sonntags manchmal den Plättenkähnen der Salzacher Flößer, die zahlungskräftige Touristen den Strom hinunterschippern. Zwischen steilen, bewaldeten Hängen flitzen unsere Kanus in flotter Fahrt unter dem von weitem sichtbaren Zisterzienserkloster Raitenhaslach vorbei nach Burghausen. Auf einem engen, felsigen

◁ Eine Fahrt ohne Hindernisse bietet das milchige Gletscherwasser der Salzach.

Umlaufsporn ragt hoch über dem Fluß eine langgezogene Burganlage, die größte und eine der besterhaltenen Deutschlands. Unsere Fahrt beenden wir an der Anlegerampe nach der zweiten Brücke. Wir könnten jedoch auch weiter in das Mündungsdelta mit den vielen Vogelinseln hineinfahren und auf dem Inn bis nach Braunau paddeln. Hier erwartet uns am Kraftwerk vor der Stadt eine lange Umtragestelle; es wäre die einzige auf unserer Fahrt.

Hoch über dem Fluß ragt auf einem engen Felssporn Burghausen, die größte Festung auf deutschen Boden.

13 Alz, Ischler Ache

Seebruck – Altenmarkt
Eggstätt – Ischl

Stromgebiet Donau

16 km + 11 km
Tagesfahrt

Am Nordende entfließt dem Chiemsee als einziger Abfluß die Alz, ein Fluß ohne Quelle, und sie erreicht nach einem über 60 km langen Lauf durch die abwechslungsreiche, hügelige Landschaft des Chiemgaus bei Marktl den Inn. Für uns Kanufahrer ist der erste Flußabschnitt vom Chiemsee bis Altenmarkt interessant. Hier, im Alzdurchbruch zwischen Truchtlaching und Altenmarkt, können wir eine schöne Tagestour erleben. Bei der Seeausfahrt paddeln wir am Yachthafen von Seebruck vorbei; viele kleine und große Segelboote schaukeln an den Stegen und wecken in uns die Vision vom »Bayerischen Meer«. Nach der Straßenbrücke verklingt der berauschende Seebetrieb. Eine stille, weitgehend ursprüngliche Landschaft nimmt uns auf. Leise gleiten unsere Boote durch ein ausgedehntes Schilfgebiet, das bis Pullach reicht. Nach der weit-

Charakter
Breiter, ruhig fließender Wanderfluß mit sauberem Wasser. Ganzjährig mit allen Bootstypen befahrbar, doch schönste Zeit im Herbst, wenn sich im Durchbruch die Laubwälder verfärben. Bis zur Altenmarkter Liegewiese zwei Wehre, die leicht umzutragen sind. Landschaftlich sehr ansprechend, zuerst flach, dann tiefes Tal zwischen bewaldeten Hügeln, sehr einsam. PKW-Kontakt nur in Truchtlaching und an den Mühlen. NSG an der Ischler Schleife ist zu beachten!

Zur Befahrung der Ischler Ache (11 km)
Als abwechslungsreiche Tagesfahrt bietet sich eine Wanderung mit Einer-Booten durch eine verträumte Moorlandschaft von Eggstätt am Hartsee bis nach Ischl an der Alz an. Die fünf auf dem Flüßchen liegenden Wehre sind alle kurz umzutragen, ebenso zwei niedrige Stege. Sehr sauberes Moorwasser, fast ganzjährig befahrbar. Am Hartsee und Eschenauer See NSG – nicht anlegen! Günstige Einsatzstelle an der Straßenbrücke Eggstätt–Aindorf.

Zeltmöglichkeiten
Mehrere Campingplätze rund um den Chiemsee, beim Bauernhof in Wies.

Sehenswertes
Chiemsee: Schloß Herrenchiemsee, Insel Frauenchiemsee mit Kloster.
Seeon: Kloster mit Kreuzgang, Friedhof.
Altenmarkt: Klosteranlage Baumburg, Kirche, Alzer Wasserfälle.
Prien: Allerseelenkapelle, Pfarrkirche, Heimatmuseum.
Pavolding: Moderne, überlebensgroße Skulpturen von H. Kirchner.

Karten, Literatur
Generalkarte 1:200 000 Blatt 23, Blatt 26; Deutsche Idealkarte 1:100 000 Blatt 35; KOMPASS-Wanderkarte Blatt 10; Kanuwanderführer für Bayern.

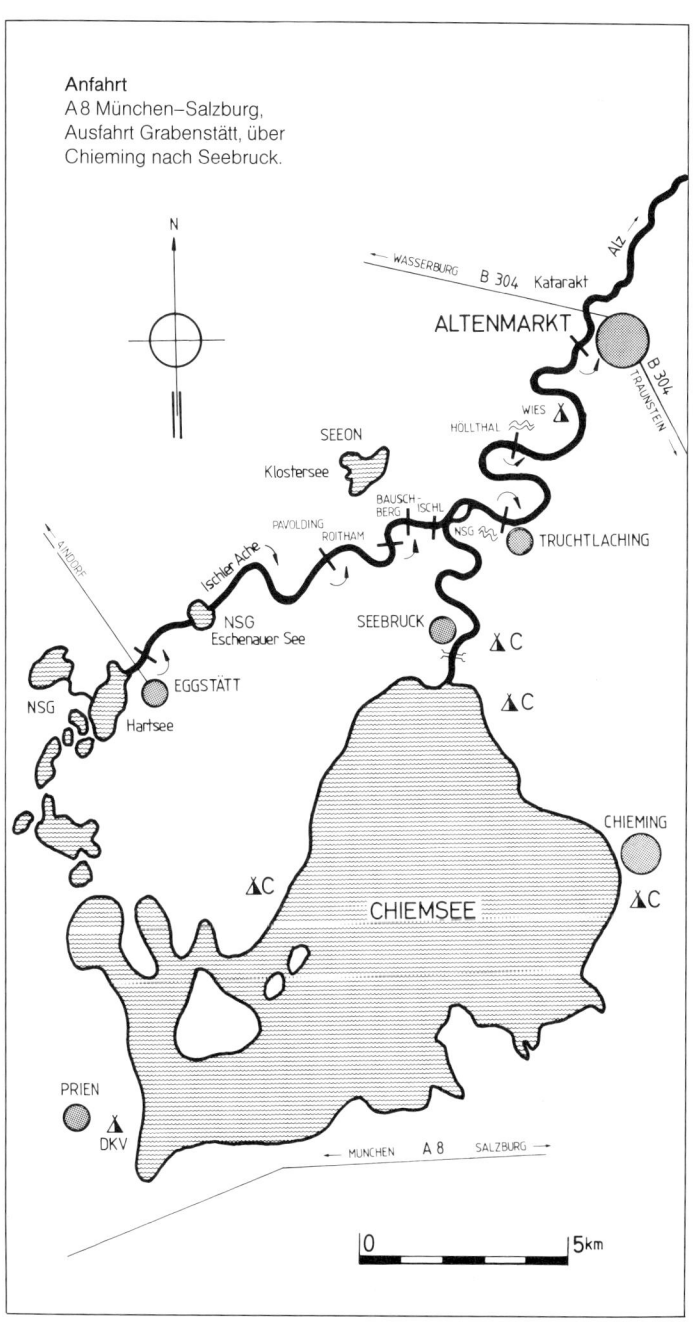

Anfahrt
A 8 München–Salzburg,
Ausfahrt Grabenstätt, über
Chieming nach Seebruck.

N

WASSERBURG B 304 Katarakt

Alz

ALTENMARKT

B 304
TRAUNSTEIN

SEEON

Klostersee

WIES

HÖLLTHAL

BAUSCH-
BERG   ISCHL

PAVOLDING

ROITHAM

NSG

TRUCHTLACHING

ANDORF

Ischler Ache

NSG
Eschenauer See

SEEBRUCK

C

C

NSG

EGGSTÄTT

Hartsee

CHIEMING

C

C

CHIEMSEE

PRIEN

DKV

MÜNCHEN A 8 SALZBURG

0   5km

57

Manches Bootshaus schmückt die Ufer der Alz.

ausholenden Ischler Schlinge, wo der Fluß eine große Insel bildet, strömt die Alz an Truchtlaching vorbei, um nachher in großen, rhythmischen Schleifen in den Moränenwall einzudringen und diesen durchzusägen. Die weiße Barockkirche des Dorfes spiegelt sich im ruhig fließenden Wasser, in dem sich viele Fische tummeln. Etwas flußabwärts erwartet uns das erste Wehr; wir tragen links über die Treppe beim Bootshaus die Kanus um. An einzelnen Bauernhöfen vorbei paddeln wir durchs Höllthal, wo kleine Schwälle, Wellen und Inseln die Fahrt sportlich beleben. Weit sichtbar signalisiert die alte Klosteranlage am Baumberg das Ende unserer Flußwanderung. In Altenmarkt stürzt die Alz in tosenden Wasserfällen über mehrere Felsterrassen kataraktartig hinunter, um sich unterhalb der Stadt mit der schnellen Traun zu vereinigen. An der großen Liegewiese bei km 46 vor dem ersten Altenmarkter Wehr finden wir eine ideale Anlege- und Abbaustelle.

Auf der Ischler Ache vor dem Eschen- ▷
auer See.

14 **Loisach**

Farchant – Wolfratshausen

Stromgebiet Donau

77 km
3–4-Tage-Fahrt

Westlich von Garmisch-Partenkirchen, in der sehr engen Grieser Schlucht, zählt die Loisach zu den schwierigsten und zugleich schönsten Wildwasser der Alpen. Im Mittel- und Unterlauf aber zeigt sie als abwechslungsreicher Wanderfluß ihre Reize.

Im Garmischer Vorort Farchant finden wir einen guten Einsatzplatz, doch wir können die Boote auch am Bad in Oberau oder in Eschenlohe ins Wasser lassen. Im Rücken haben wir das mächtige Wettersteingebirge, zu beiden Seiten die hohen Hänge des Estergebirges und der Ammergauer Berge. Die Kanus schaukeln in rascher Strömung durch das flachgehobelte Gletschertal, Auwälder und ausgedehnte Moorgebiete umrahmen den teilweise regulierten Fluß. Bei niedrigem Wasserstand gestalten heraustretende weiße Kiesbänke die Fahrt noch reizvoller. Nur zwei Wehre müssen wir auf der ca. 40 km langen Etappe bis zum Kochelsee überwinden. Das Wehr in Kleinweil ist bei günstigem Wasserstand rechts mit Einern befahrbar, doch in Großweil müssen wir die Boote umtragen. Im großen Bogen kehrt hier die Loisach nach Süden zurück und fließt gegen die Berge. Vor uns wachsen die imposanten Felshänge von Jochberg und Herzogenstand immer höher; über 1000 Höhenmeter ragen die im Frühsommer schneebedeckten Nordwände aus dem Wasser des Kochelsees. Am alten Augustinerstift

Charakter

Im ersten Flußabschnitt sehr schnell dahinziehender Wanderfluß mit eiskaltem, sauberem Wasser. Am Abfluß aus dem Kochelsee eine doppelte, fahrbare Stufe, doch Vorsicht auf kantige Steine! Nachher langsame Strömung ohne wassertechnische Schwierigkeiten; auch für Anfänger geeignet. Die wenigen Verbauungen sind gut überwindbar, doch die lange Umtragestelle in Schönmühl verlangt die Mitnahme eines Bootswagens. Insgesamt abwechslungsreich und lohnend. Befahrbar mit allen Bootstypen. PKW-Begleitung gut möglich.

Zeltmöglichkeiten

Campingplätze Garmisch-Partenkirchen, Kochelsee, Staffelsee, Riegsee und Wolfratshausen.

Sehenswertes

Garmisch-Partenkirchen: Pfarrkirche, Werdenfelser Heimatmuseum, Burgruine, Zugspitze, Partnachklamm.
Kochelsee: Imposanter Klosterbau St. Tertulinus, St.-Michaels-Kirche.
Benediktbeuern: Barocke Klosterkirche.
Beuerberg: Wandpfeilerkirche.
Wolfratshausen: Schöne Bürgerhäuser, Barockkirche, NSG Pupplinger Au an der Isar.

Karten, Literatur

Generalkarte 1:200 000 Blatt 25, Blatt 22; Deutsche Idealkarte 1:100 000 Blatt 34, 35; KOMPASS-Wanderkarte 1:50 000 Nr. 6, 7, 180; Kanuwanderführer für Bayern; Deutsches Flußwanderbuch.

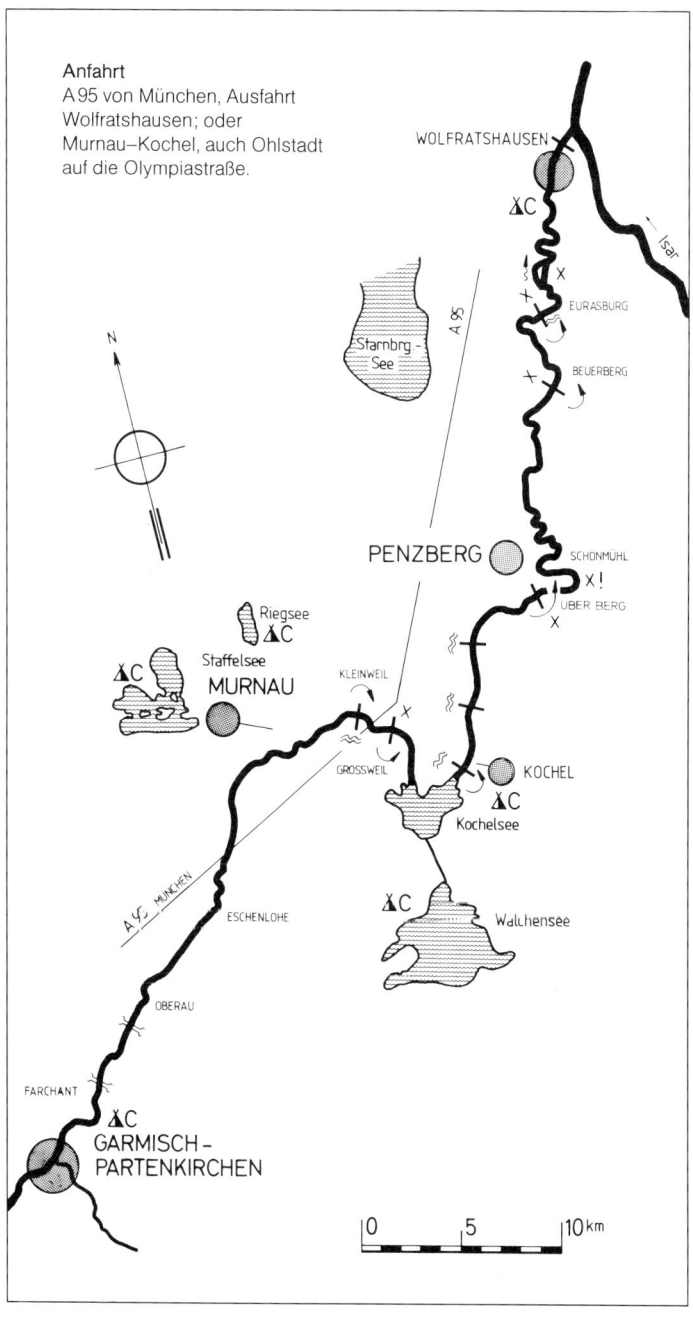

Anfahrt
A 95 von München, Ausfahrt
Wolfratshausen; oder
Murnau–Kochel, auch Ohlstadt
auf die Olympiastraße.

N

WOLFRATSHAUSEN

Isar

A 95

Starnbrg-
See

EURASBURG

BEUERBERG

PENZBERG

SCHONMÜHL

X !

ÜBER BERG

Riegsee

Staffelsee
MURNAU

KLEINWEIL

GROSSWEIL

KOCHEL

Kochelsee

A 95 MÜNCHEN

ESCHENLOHE

Walchensee

OBERAU

FARCHANT

GARMISCH –
PARTENKIRCHEN

0   5   10 km

Das flache Beuerberger Wehr bereitet uns keine Schwierigkeiten.

St. Tertulin vorbei erreichen wir in schneller Fahrt den See, wo auf dem gegenüberliegenden Ufer zwei schöne Campingplätze zum Übernachten einladen. Ein kleiner Spaziergang zum Kraftwerk krönt die erste Tagesetappe mit einer herrlichen Aussicht auf die weite Voralpenlandschaft. Der zweite Flußabschnitt unterhalb des Sees zeigt eine völlig veränderte Loisach. Langsam fließend durch eine flache, teilweise entwässerte und landwirtschaftlich genutzte Moorlandschaft, erreicht sie bei Schönmühl einen Hartsteinriegel, der ihr eine weite Schleife aufzwingt. Weil das ganze Wasser in einem Stollen zum Kraftwerk abgeleitet wird, müssen wir beim blauen Schild links an der Säge ausbooten und die Kanus ca. 500 m auf einem Asphaltweg über den Berg karren, um sie wieder am E-Werk-Auslauf ins Wasser zu setzen. Durch ein hügeliges Waldgebiet schlängelnd, erreichen wir in einer ruhigen Fahrt den Ort Beuerberg. Hier verschwindet wieder ein Teil des Wassers im Loisach-Isar-Kanal. Doch es bleibt noch genug übrig, um im alten Flußbett entlang der steilen Moränenterrasse weiterzufahren. Das Eurasburger Wehr können wir in einer recht feuchten Floßgasse rechts durchfahren (Anfänger umtragen!). An der großen Insel vor Wolfratshausen paddeln wir im linken Flußarm vorbei; rechts liegt am Zusammenfluß eine unfahrbare Stufe. Gleich am Stadtrand von Wolfratshausen

Viele Kilometer begleiten die Ammergauer Berge den Fluß.
Wir paddeln an der freundlichen Ortschaft Eschenlohe vorbei.

Am Kochelseeabfluß machen sich Kajakfahrer zur Weiterfahrt fertig.

befindet sich ein hübscher Campingplatz. Im Frühling, bei genügend Wasserstand, lohnt noch eine Weiterfahrt auf der Isar bis nach München. Hier begegnen wir über das Wochenende den bekannten »Musikflößen«, mit denen Touristen mit viel Bier und Blasmusik zur Floßlände in Thalkirchen gefahren werden.

Bei Wernberg-Köblitz ist die Naab ein breiter, langsam dahinziehender Wanderfluß (Tour 6). ▷

An der St.-Nepomuk-Brücke bei Tauberrettersheim beginnt unsere Boots-
wanderung (Tour 24).

◁ In Strößendorf am Main grüßt uns das Schlößchen des Grafen von Seckendorf
(Tour 26).

Morgendliche Begegnung an der Altmühl mit einem alten Fischer im Kahn (Tour 4).

Das Donautal unterhalb Beuron mit Schloß Werenwag (Tour 1).

Leise gleitet das Kanu im ruhigen Wasser der Vils dahin (Tour 5). ▷

Blühende Wasserpflanzen bedecken die Donau, doch eine Fahrtrinne ist immer zu finden (Tour 1).

»Klein Kanada« im Tal des Schwarzen Regen (Tour 8).

Die gleißende Salzach hinunter, die weite Ferne vor uns (Tour 12). ▷

Blühender Gilbweiderich begleitet uns bei einer Sommerfahrt
durch das Ilztal (Tour 9).

Die zweite Umtragestelle an der Uffinger Ache wird bewältigt (Tour 15).

Lustige Begegnung mit einer Schafherde an den Ufern der Altmühl (Tour 4).

An Kiesbänken vorbei zieht uns die Iller in die Rottachschleife (Tour 17).

Durch das einsame Ampermoos führen die ersten Flußkilometer hinter Stegen (Tour 16).

Die weit sichtbare Götzenburg beherrscht in Möckmühl das Jagsttal (Tour 23). ▷

Am versandeten Anlandeplatz der ehemaligen Fähre in Isarmünd (Tour 10).

Nur wenige kleine Orte, wie hier Willhof, berühren die einsame Schwarzach (Tour 7).

Kleine befahrbare Stufen sorgen für die sportliche Note einer Wiesentfahrt (Tour 28).

Im Gumpen unter dem Wasserfall beginnt bei Veringendorf eine fröhliche Wanderfahrt auf der Lauchert (Tour 2).

Badepause bei einer Vereinsfahrt am Neckar bei Horb (Tour 19).

Wörnitz – am Wehr in Harburg wird das Boot nur herübergeschoben (Tour 3).

◁ Mit Kajak und Canadier auf der Nagold im Schwarzwald (Tour 20).

Geruhsames Paddeln im Faltboot auf der Pegnitz (Tour 29).

Sommerliche Stimmung bei einer Sonntagsfahrt am Kocher (Tour 22).

Die Spiegelungen im stillen Wasser der Alz lassen den hektischen Alltag vergessen (Tour 13).

15 Uffinger Ache

Staffelsee – Oberhausen

Stromgebiet Donau

20 km
Tagesfahrt

Den wärmsten der bayerischen Seen entwässernd, drängt die Uffinger Ache durch das grüne Dickicht einer hügeligen Moränenlandschaft in windungsreichem Lauf zur Ammer.

Unsere Fahrt beginnt an der kleinen Brücke am Staffelseebad unweit vom ideal liegenden Campingplatz Aichele. Zuerst führt uns die schilfumsäumte Ache in mäßiger Geschwindigkeit am Rande des Oberseemoors nach Uffing, wo es zwei längere Umtragestellen gibt, die wir am besten mit Bootswagen meistern. Nach der Vogelmühle erwartet uns eine abwechslungsreiche Fahrt durch bewaldete Minischluchten, wo mehrere fahrbare Naturstufen für spritzige Einlagen sorgen. Scharfe Kurven und überhängende Bäume zwingen zum Manövrieren, und man weiß nie, mit welcher kleinen Biesterei uns das Flüßchen dabei wieder überrascht.

Doch überall kommen auch die Wander-Canadier und die Kajak-Zweier gut durch. Nur selten begegnen wir Anglern, die ihre Zelte auf irgendeiner versteckten Wiese aufgeschlagen haben, um hier ungestört das Wochenende zu verbringen. Einsame Kiesbänke locken auch uns zum Ausruhen. Nach mehrstündiger Fahrt sehen wir die Brücke bei Oberhausen, wo unsere Autos schon warten.

Eine kurze Wasserwanderung gehört zum Repertoire der Uffinger Ache.

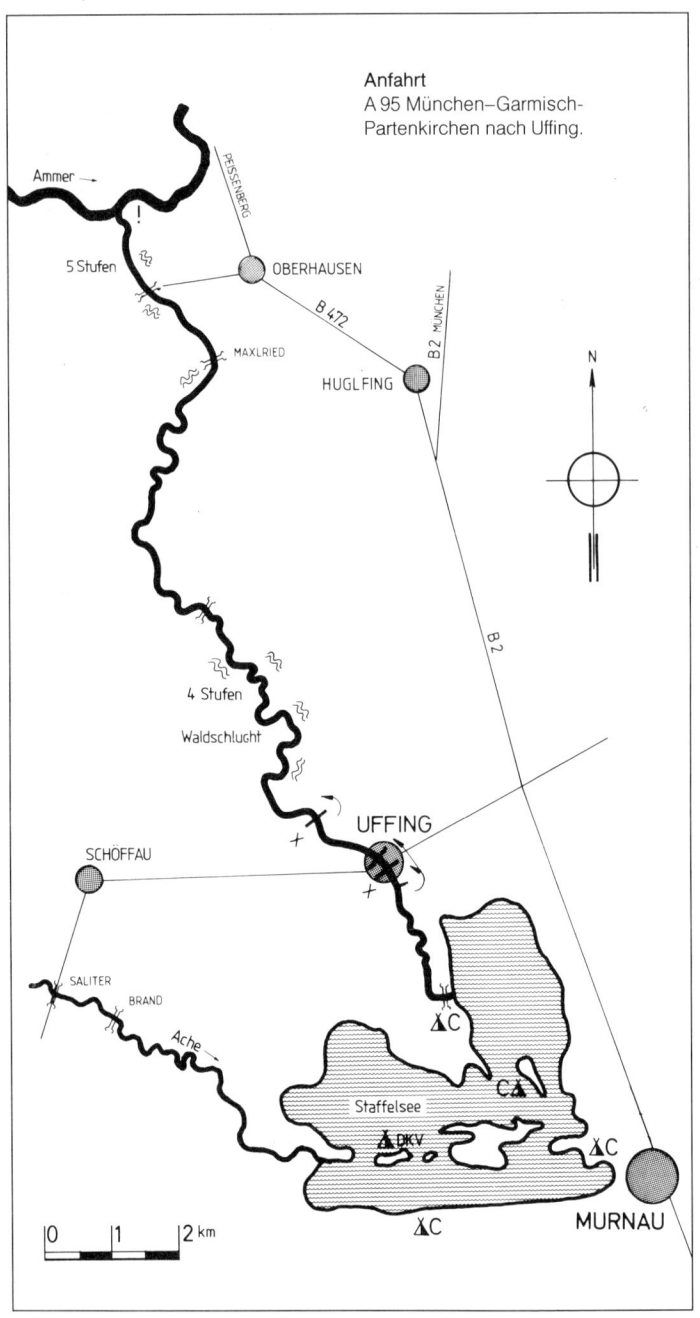

Anfahrt
A 95 München–Garmisch-
Partenkirchen nach Uffing.

Ammer →

PESSENBERG

5 Stufen

OBERHAUSEN

B 472

MAXLRIED

HUGLFING

B 2 MÜNCHEN

N

B 2

4 Stufen

Waldschlucht

UFFING

SCHÖFFAU

SALITER

BRAND

Ache →

⚑ C

C ⚑

Staffelsee

⚑ DKV

⚑ C

⚑ C

MURNAU

0   1   2 km

Auch die wendigen Zweier kommen auf diesem Dschungelfluß gut voran.

Charakter

Windungsreiches, sportliches Wanderflüßchen, das etwas Erfahrung verlangt. Sehr sauberes Wasser, für Kunststoffboote, auch wendige Zweier, geeignet. Kurze Treidelstellen möglich. PKW-Kontakt nur an Brükken. Ein längerer Kanu-Urlaub am Staffelsee ist sehr lohnend; mehrere gut erreichbare Wanderflüsse sowie der See selbst mit seinen bewaldeten Inseln und zahlreichen Buchten erlauben sehr abwechslungsreiche Bootsfahrten.

Zeltmöglichkeiten

Mehrere Campingplätze um den See.

Sehenswertes

Uffing: St.-Agatha-Kirche mit Rokokofresken.
Huglfing: Wallfahrtskirche.
Murnau: St.-Michaels-Kirche, Kapellen, NSG Murnauer Moos.

Karten, Literatur

Generalkarte 1:200000 Blatt 25;
KOMPASS-Wanderkarte 1:50000 Blatt 179;
Kanuwanderführer für Bayern.

16 **Amper**

Buch – Dachau

Stromgebiet Donau

35 km
2-Tage-Fahrt

Eigentlich ist die Amper ein Fluß mit zwei Namen: Als Ammer springt sie spritzig durch die tiefen Schluchten der Ammergauer Berge und speist den langgezogenen Ammersee, um ihn als ruhige Amper zu verlassen. Dem Charakter nach allerdings sind es zwei völlig verschiedene Flüsse. Die Ammer, bekannt als Mekka der deutschen Wildwasserfahrer, gehört mit ihren schäumenden Kaskaden zu den schönsten Alpengewässern. Ganz andere Reize zeigt die Amper, die am Yachthafen von Stegen den Ammersee verläßt und dann in einer ruhigen Strömung eine leicht hügelige Landschaft durchfließt, wobei sie viele kleine und größere Orte berührt. Aufgrund ihrer Lage vor den Toren Münchens wird sie zum Bade- und Urlaubsfluß vieler Erholungssuchender.

Trotzdem ist die Amper nicht überlaufen; nur wenigen Kanufahrern begegnen wir auf dem Flußabschnitt bis nach Dachau, den wir als Wochenendwanderung heraussuchen. In Buch oder schon in Herrsching lassen wir die Boote ins klare Wasser und genießen die ruhige Paddelei entlang dem östlichen Seeufer. An Segelbooten vorbei, verlassen wir über eine kleine Grundschwelle in Stegen den See, um die ersten Kilometer durch ein völlig einsames Schilf- und Moorgebiet – das Ampermoos – zu paddeln. Nach Grafrath, dessen schöne Wallfahrtskirche uns von weitem grüßt, beginnt eine flotte, abwechslungsreiche Strecke mit kleinen Schwällen und Kiesbänken. An grünen Wald- und Wiesenufern, auf denen so manches Wochenendhäuschen der

Charakter

Teilweise flotter, doch überwiegend ruhig fließender Wanderfluß, der durch eine farbenfrohe, stellenweise dichter besiedelte Hügellandschaft des Münchner Vorlandes führt. Auch für weniger erfahrene Kanuwanderer mit Kunststoffbooten zu empfehlen. Etwas sporttechnische Schwierigkeiten bereiten die Gefällstufen und Wehre; diese sind jedoch gut beschildert und nicht schwer umzutragen. Wasser sauber bis mäßig sauber. Das Ampermoos ist vom See bis Grafrath Naturschutzgebiet und in der Zeit vom 1. März bis 15. Juli für Kanufahrer gesperrt. Ab Dachau erschweren viele unbefahrbare Wehre und Steilstufen eine Weiterfahrt.

Zeltmöglichkeiten

Am Ammersee in Buch und Utting; Camping am Olchinger See.

Sehenswertes:

Ammersee: Spätbarocke Stiftskirche in Diessen, Kloster Andechs.
Grafrath: Wallfahrtskirche St. Rasso.
Fürstenfeldbruck: Klosterkirche Maria Himmelfahrt, Altstadt.
Dachau: St.-Jakobs-Kirche, Schloß, KZ-Gedenkstätte.

Karten, Literatur

Generalkarte 1 : 200000 Blatt 22;
Deutsche Idealkarte 1 : 100000 Blatt 43;
Kanuwanderführer für Bayern; Deutsches Flußwanderbuch.

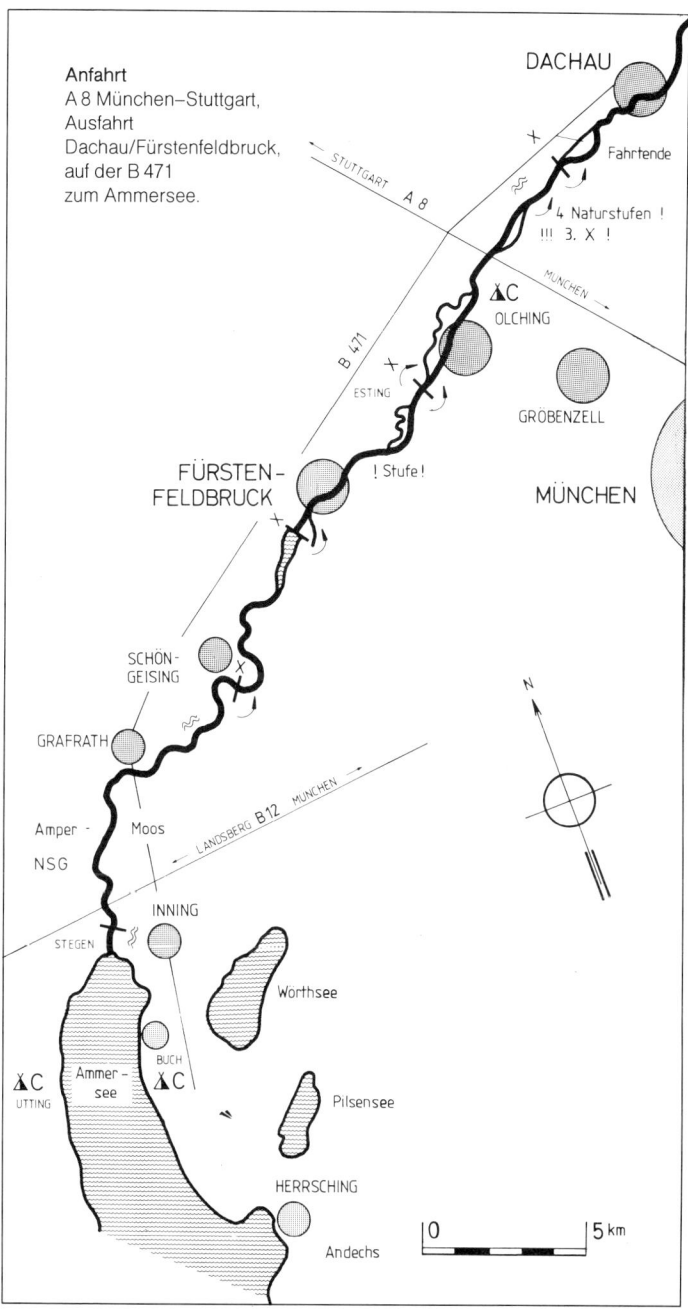

Anfahrt
A 8 München–Stuttgart,
Ausfahrt
Dachau/Fürstenfeldbruck,
auf der B 471
zum Ammersee.

DACHAU

STUTTGART A 8

Fahrtende

4 Naturstufen !
!!! 3. X !

MÜNCHEN

B 471

XC
OLCHING

ESTING

GRÖBENZELL

FÜRSTEN-
FELDBRUCK

! Stufe !

MÜNCHEN

SCHÖN-
GEISING

N

GRAFRATH

Amper -

NSG

Moos

LANDSBERG B12 MÜNCHEN

STEGEN

INNING

Worthsee

XC
UTTING

Ammer -
see

BUCH

XC

Pilsensee

HERRSCHING

Andechs

0   5 km

85

Herrliche Kiesbänke laden uns zum Verweilen ein.

erholungssuchenden Münchner steht, vorbeiziehend, erreichen wir Schöngeising. Der schlanke Sendeturm wetteifert hier mit der Zwiebelturmkirche; beide passen gut in diese historische Kulturlandschaft. Vor Fürstenfeldbruck fahren wir in einen aufgestauten See; auf kleinen Vogelinseln brüten Teichhühner und Stockenten, und nicht weit von hier liegt eine wunderschöne Badeanstalt am Fluß – ein Miteinander von Natur und Mensch ist hier beispielhaft möglich. Wir ziehen unter der Brücke mit dem

◁ An der Schöngeisinger Zwiebelturmkirche vorbei geht unsere Amperfahrt.

Stadtwappen durch und lassen die blumengeschmückten Bürgerhäuser hinter uns. Am folgenden Wehr vor Olching tragen wir bei niedrigem Wasserstand die Boote rechts in den Kanal hinein und paddeln durch die hübsche, betriebsame Stadt. Bei ausreichendem Unterwasser bleiben wir links im alten Flußbett; mit etwas Glück begegnen wir dem Eisvogel oder der kleinen Rohrdommel. Über mehrere, teils befahrbare Naturstufen geht die Fahrt weiter. Nach Kreuzen der Autobahnbrücke führt uns der mit Erlen und Ulmen gesäumte Fluß zum Naturfreundehaus in Dachau, das, auf einer Insel liegend, ein ideales Ziel unserer Kanuwanderung ist.

17 Jller

Sonthofen –
Kempten (Fischen)

30 km – Tagesfahrt

Kempten (Jllersteg) – Krugzell

Stromgebiet Donau   14 km – Tagesfahrt

Die Jller, die als reizvoller Alpen-
fluß das ganze Ostallgäu entwässert, entsteht eigentlich erst in
Oberstdorf durch den Zusammenfluß von drei bedeutenden Ge-
birgsbächen: der Breitach, Stillach
und Trettach. Entlang der Hörner-
gruppe, zwischen Oberstdorf und
Sonthofen, springt ihr klares grünes, sauberes Wasser über weiße
Kiesbänke. Unter dem Grünten,
der mehr als 1000 Höhenmeter
über den Fluß ragt, nimmt die Jller
die Ostrach auf, und nach Immenstadt durchfließt sie eine noch ursprüngliche Flußlandschaft zwischen bewaldeten Hügeln. Nach
einer wunderbaren Schleife um
die Ausläufer des Rottachberges
erreicht sie Martinszell, wo das
einzige unbefahrbare Wehr unserer ersten Wanderetappe liegt.

Mit den Oberstdorfer Bergen im Rücken erreichen wir die Ostrachmündung bei
Sonthofen.

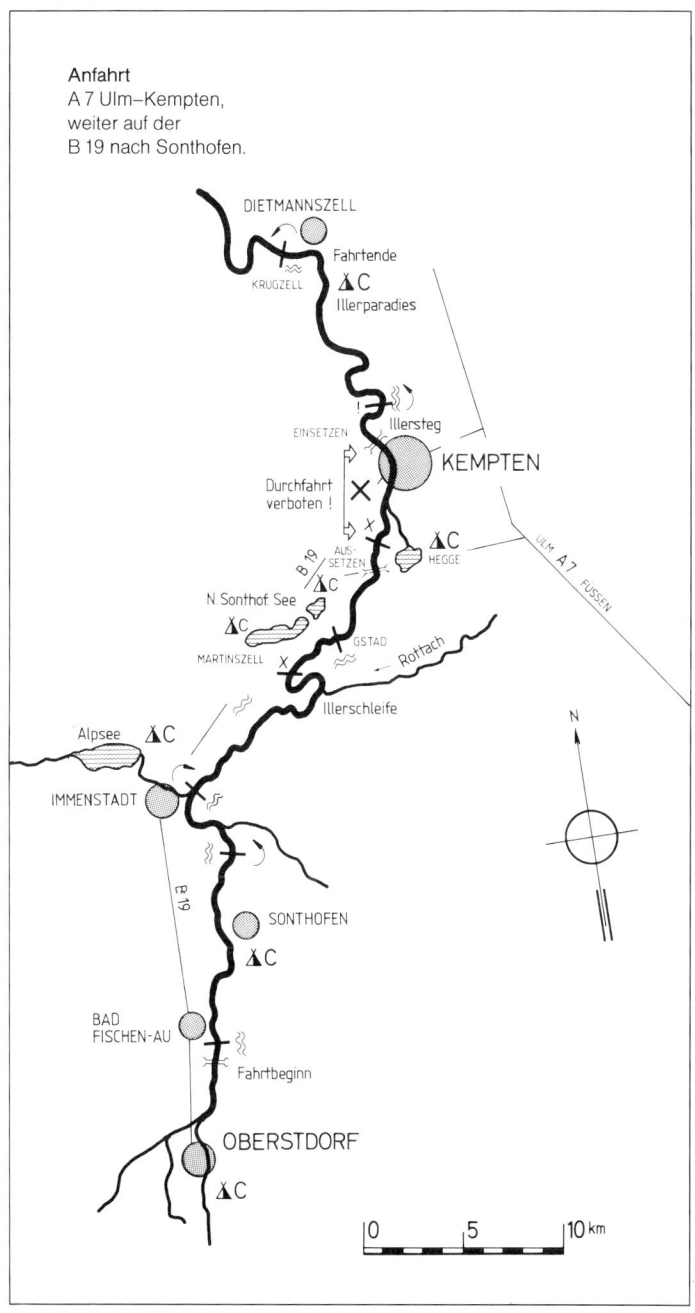

Anfahrt
A 7 Ulm–Kempten,
weiter auf der
B 19 nach Sonthofen.

DIETMANNSZELL

Fahrtende
△C
Illerparadies

KRUGZELL

Illersteg

EINSETZEN

KEMPTEN

Durchfahrt
verboten !

AUS-
SETZEN

△C
HEGGE

B 19

N. Sonthof. See

△C

△C
MARTINSZELL

GSTAD

Rottach

ULM A 7 FÜSSEN

Illerschleife

N

Alpsee △C

IMMENSTADT

B 19

SONTHOFEN
△C

BAD
FISCHEN-AU

Fahrtbeginn

OBERSTDORF
△C

0   5   10 km

89

Ruhig fließt die Jller im Durchbruch bei Rottach.

Charakter
Ein herrlicher Wanderfluß, mit Einer-Booten schon ab Fischen bei Oberstdorf, mit Zweiern ab Sonthofen bis kurz vor Kempten gut befahrbar. Durchfahrt durch die Stadt nicht möglich. Unterhalb von Kempten noch lohnende Tagesetappe bis Krugzell. Hier Fahrt linksufrig am Grillplatz beenden. Im Frühling bei Schneeschmelze führt der Fluß riesige Wassermengen, beste Zeit für eine Wanderfahrt erst ab Mitte Juni bis zum Herbst. Landschaftlich sehr eindrucksvoll, mit einsamen Passagen. In der ersten Etappe glasklares, eiskaltes grünes Wasser; unterhalb Kempten läßt die Wasserqualität deutlich nach. Die Naturstufen bei Sonthofen sind befahrbar; wenig erfahrene Paddler tragen um. Am Wehr in Martinszell gut beschilderte, kurze

Umtragestelle. Viele Kiesbänke, kleine Schwälle und die zügige Strömung gestalten eine abwechslungsreiche, sportliche Wanderfahrt. PKW-Begleitung nur teilweise möglich.

Zeltmöglichkeiten
Campingplatz Sonthofen, Immenstadt am Alpsee, Niedersonthofener See, Jllerparadies bei Kempten.

Sehenswertes
Sonthofen: Allgäuer Heimatmuseum.
Kempten: Schloß, Rathaus, Stadtkirche, Brunnen, Bürgerhäuser.

Karten, Literatur
Generalkarte 1:200000 Blatt 25, 24; Deutsche Idealkarte 1:100000 Bl.34; Kanuführer für Südwestdeutschland; Kanuwanderführer für Bayern.

Spritzig wird es am geschleiften Martinszeller Wehr, doch es ist glatt befahrbar.

Entlang eines langgezogenen Moränenrückens, hinter dem sich die verträumte Untersonthofener Seenlandschaft versteckt, strömt die Jller noch immer recht flott durch das ehemalige Gletscherbecken auf das malerisch liegende Kempten zu. Nachher gräbt sich der Fluß tief in die Schotterterrassen ein und überrascht uns immer wieder mit neuen Landschaftsbildern. Doch nach der eindrucksvollen Krugzeller Schleife ist die Jller restlos verbaut, kanalisiert und von E-Werken genutzt. Hohe Wehre und sehr schwierige Umtragestellen erschweren extrem die Weiterfahrt.

Kristallklar ist das Jllerwasser
vor Immenstadt.

18 **Schussen**   Ravensburg – Bodensee

Stromgebiet Rhein

25 km
1–2-Tage-Fahrt

In dem ausgedehnten Moorgebiet südlich von Bad Schussenried entfließt dem Schwaigfurter Weiher die Schussen. Sie läuft ziemlich gerade durch ausgedehnte Feuchtwiesen und Wälder, später in einem breiten Tal durch die leicht hügelige oberschwäbische Moränenlandschaft in südlicher Richtung zum Bodensee. Auf ihrem ca. 60 km langen Weg berührt sie zwei kulturelle Höhepunkte: zuerst Kloster Weingarten mit dem größten Barockkirchenbau Schwabens und anschließend die ehemalige freie Reichsstadt Ravensburg, eine alte Handelsstadt, die bis in das 16. Jahrhundert den europäischen Tuchhandel beherrschte.

Im Angesicht der guterhaltenen Stadtmauer mit vielen Türmen und Toren setzen wir im Ravensburger Ortsteil Weißenau unsere Boote in das rotbraune Moorwasser des Flüßchens. In einem flachen Tal, das die Gewässer in den eiszeitlichen Schotterhügeln ausspülten, paddeln wir bei munterer Strömung über kleine Stufen und harmlose Schwälle durch ausgedehnte Kirsch- und Apfelbaumplantagen, die mit Hopfenanbauflächen wechseln. Die schönste Fahrt erleben wir im Frühling, wenn die Landschaft ein einziger blühender Garten ist. Nur ein unbefahrbares Wehr vor Meckenbeuren müssen wir bewältigen; es ist jedoch leicht umzutragen. Wir unterqueren mehrere alte, überdachte Holzbrücken, zum Beispiel in Oberbaumgarten und Eriskirch. Hier verläßt das Flüßchen die wel-

Charakter
Zuerst flotterer, später langsam fließender kleiner Wiesen- und Waldfluß. Ohne jegliche wassertechnische Schwierigkeiten, ab Ravensburg mit Einern ganzjährig befahrbar. Zweier-Kunststoffboote nur bei gutem Wasserstand im Frühling zu empfehlen. Wasser mäßig sauber, mehrere Kläranlagen sind im Bau. Im Eriskircher Naturreservat ist das Anlanden verboten, teilweise militärisches Sperrgebiet. Beim Anlanden am Yacht-Club um Erlaubnis bitten. 200 m links von der Flußmündung am See ebenfalls günstige Abbaumöglichkeit – Zutritt vom Seeufer.

Zeltmöglichkeiten
Campingplätze am Bodensee zwischen Kressbronn und Friedrichshafen.

Sehenswertes
Weingarten: Benediktinerkloster mit monumentaler Barockkirche.
Ravensburg: Stadtmauern, Tortürme (Mehlsack, Blaserturm), Patrizierhäuser, Veitsburg-Schlößchen (u. v. a.).
Eriskirch: Gotische Marien-Wallfahrtskirche, überdachte Holzbrücke.
Friedrichshafen: Zeppelinmuseum.

Karten, Literatur
Generalkarte 1:200000 Blatt 24, 25; Deutsche Idealkarte 1:100000 Blatt 33; KOMPASS-Wanderkarte 1:50000 Blatt 1 b, 1:75000 Blatt 1 c; Kanuführer für Südwestdeutschland; Kanuführer Württemberg.

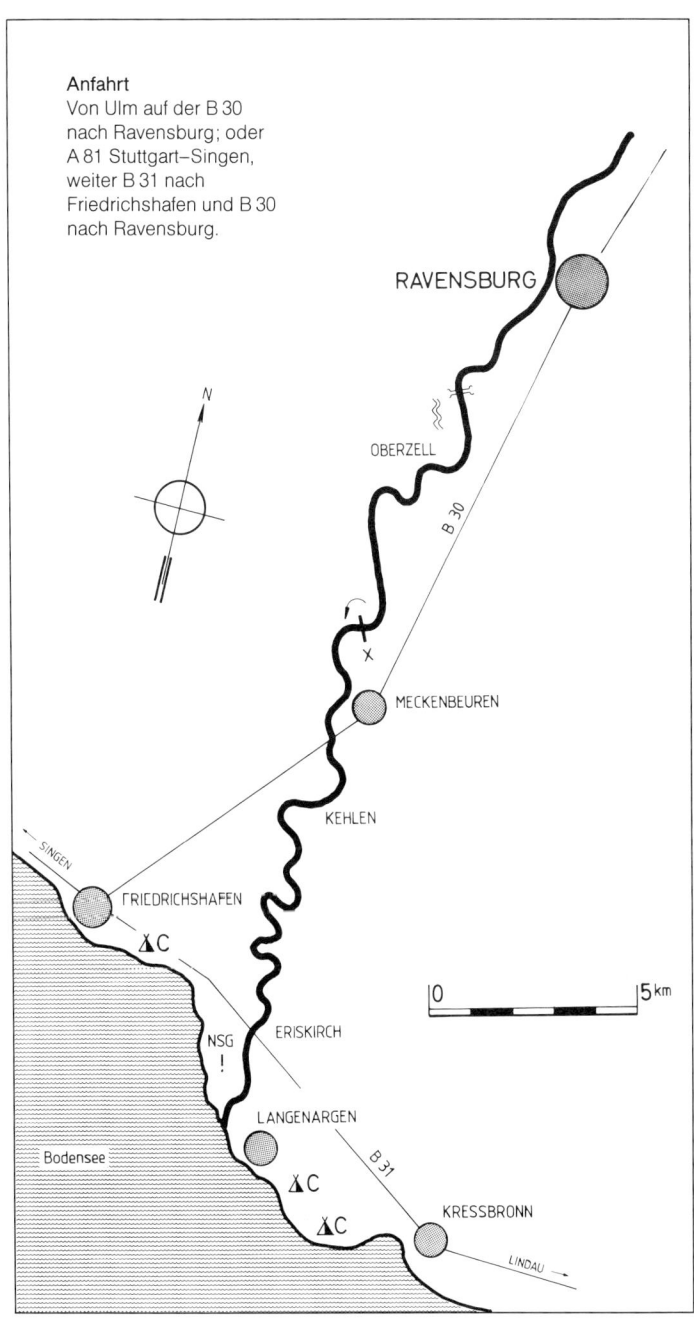

Anfahrt
Von Ulm auf der B 30
nach Ravensburg; oder
A 81 Stuttgart–Singen,
weiter B 31 nach
Friedrichshafen und B 30
nach Ravensburg.

N

RAVENSBURG

OBERZELL

B 30

MECKENBEUREN

KEHLEN

SINGEN

FRIEDRICHSHAFEN

⚑C

NSG
!

ERISKIRCH

0   5 km

LANGENARGEN

⚑C

B 31

Bodensee

⚑C

KRESSBRONN

LINDAU

Eriskirch mit seiner Wallfahrtskirche liegt am Rande des ausgedehnten Naturreservats.

lige Gartenlandschaft und tritt, umsäumt von uralten Weiden und Erlen, in ein ausgedehntes Schilfgebiet, das Eriskircher Ried, ein. Seltene Vogelarten beleben die Flußufer. Uns leise verhaltend paddeln wir durch das streng geschützte Naturreservat. Vor der Mündung in den Bodensee beim Langenargener Ortsteil Schwedi genießen wir bei gutem Wetter den fantastischen Blick auf das Alpenpanorama, das unglaublich nah über dem Seewasserspiegel schwebt. Am Bootssteg des Yacht-Clubs beenden wir unsere Fahrt; ein Parkplatz vor dem Clubgelände ermöglicht das Abstellen der Autos.

19 **Neckar**

Sulz – Rottenburg

Stromgebiet Neckar

40 km
2–3-Tage-Fahrt

Tief im harten Muschelkalkgestein eingegraben windet sich der Neckar in seinem Oberlauf durch eine reizvolle Landschaft zwischen Schwarzwald und Schwäbischer Alb. Das hier noch wenig bebaute, vielerorts noch ursprüngliche grüne Tal und das durch die vielen Kläranlagen wieder verhältnismä-ßig saubere Wasser lassen noch nicht ahnen, was für ein industrieller Kanal der Neckar unterhalb von Plochingen bei Stuttgart geworden ist. Ab Rottenburg bis Plochingen ist der Fluß wegen der E-Werke und dem dadurch mühsamen Umtragen der Stauwehre nicht zu empfehlen.

Im aufblasbaren Kajak am Neckar unterhalb Weitenburg.

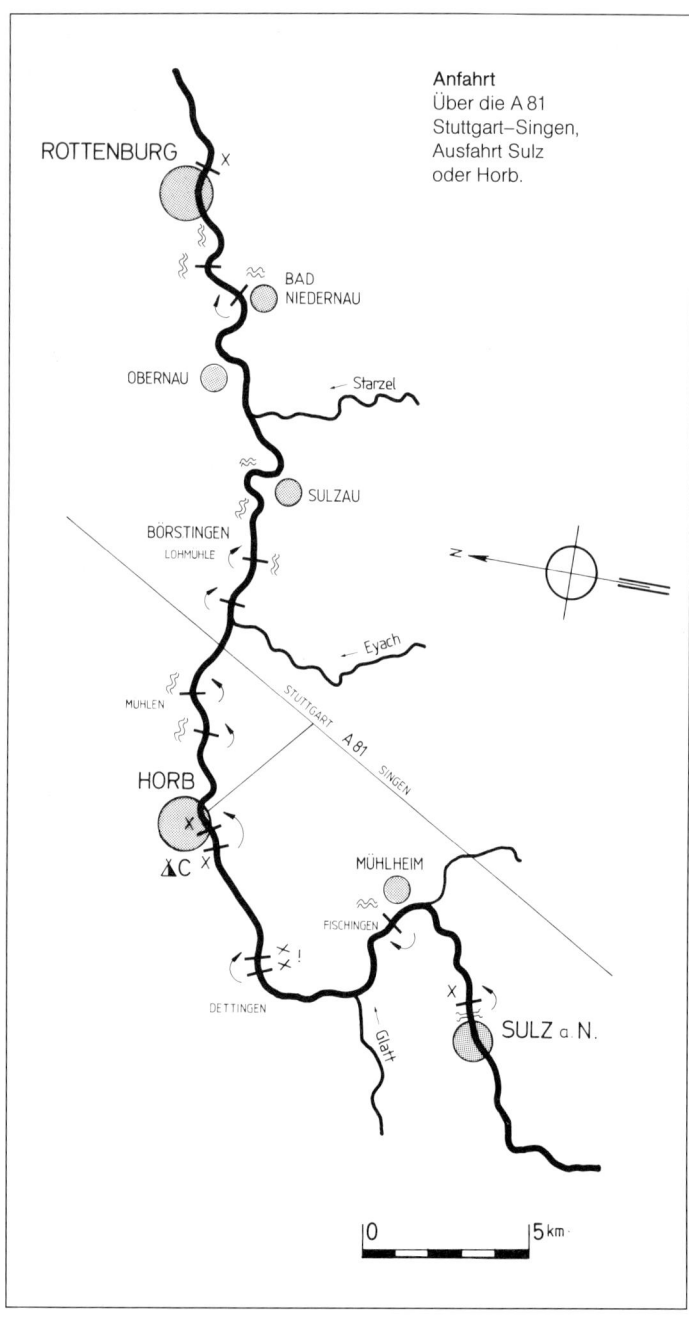

Anfahrt
Über die A 81
Stuttgart–Singen,
Ausfahrt Sulz
oder Horb.

ROTTENBURG

BAD NIEDERNAU

OBERNAU

← Starzel

SULZAU

BÖRSTINGEN
LOHMÜHLE

← Eyach

MÜHLEN

STUTTGART A 81 SINGEN

HORB

▲ C

MÜHLHEIM
FISCHINGEN

DETTINGEN

Glatt →

SULZ a. N.

N

|0   5 km|

Für eine 2 bis 3tägige Wanderfahrt bietet sich der Flußabschnitt zwischen Sulz und Rottenburg an. Bei mittlerem Wasserstand können wir auch mit Zweier-Faltbooten fahren. Bei der alten steinernen Löwenbrücke in Sulz steigen wir in die Boote; doch nach kurzer Zeit müssen wir wieder heraus und die Kanus rechts um das 4 m hohe Wehr schleppen. Aber nachher folgt bis Horb eine schöne Strecke mit flotter Strömung, die nur durch ein schräges Wehr in Fischingen und zwei gefährliche neue Sohlschwellen unterbrochen wird. In großen, regelmäßigen Flußschlingen fahren wir an typischen Umlaufbergen vorbei. Rechts oben blickt die Burgruine Wehrstein, die früher die alte Neckartalstraße beschützt hat, ins Tal. In Horb, einer malerischen Kleinstadt mit sehenswertem Rathaus, Stiftskirche und schmucken Fachwerkshäusern, erwarten uns zwei Wehre, die wir am besten mit Hilfe eines Bootswagens rechts umgehen. Beim neuen Hallenschwimmbad finden wir eine gute Einsatzstelle für Tagesfahrten nach Sulzau oder Rottenburg. Vorher probieren

Eine Wanderfahrt auf dem wieder sauber gewordenen Neckar.

wir noch vom bitteren Mineralwasser, welches nicht weit von hier aus der Erde sprudelt. In lustigen Schwällen trägt uns der Neckar an kleinen Orten vorbei. Eine zerfalle-

Charakter

Im beschriebenem Abschnitt leichter Wanderfluß mit gelegentlichen Schwällen. Mehrere betahrbare oder leicht zu umtragende Wehre. An beiden Sohlschwellen unterhalb Fischingen wegen gefährlicher Sogbildung Boote umtragen. Ab Horb für alle Bootstypen fast ganzjährig befahrbar. PKW-Begleitung durchgehend möglich.
Nur in kleinen Gruppen befahren. (Selbstbeschränkung wegen drohender Flußsperrung!)

Sehenswertes

Sulz a. Neckar: Löwenbrücke, römische Kastelle.
Horb: Rathaus, Stiftskirche, Schütteturm, Stadtmauer, Giebelhäuser.
Rottenburg: Bischofssitz, Dom, Rathaus, Kloster, alter Stadtkern.

Karten, Literatur

Generalkarte 1 : 200 000 Blatt 21; Deutsche Idealkarte 1 : 100 000 Blatt 27, 28; Topogr. Karte 1 : 50 000 Baden-Württemberg Blatt L 7518, L 7516, L 7716;
Kanuführer für Südwestdeutschland; Deutsches Flußwanderbuch; Kanu-Sport 1980/S. 105; Kanuführer Württemberg.

Das Schußwehr in Mühlen ist für Einer-Kajaks gut fahrbar.

ne Stufe bereitet den Anfängern etwas Sorgen, doch vorsichtig wird die Durchfahrt gemeistert. Das Wehr in Mühlen ist nach Besichtigung mit leeren Booten im Knick befahrbar. Es macht Spaß, mit den schnittigen Kajaks die schäumenden Wellen zu durchschneiden. Hoch über dem Tal zeigt sich bald die neue schlanke Betonbrücke der Autobahn Stuttgart – Singen, die wir unterqueren. Es folgen neue Schwälle, kleine Kiesbänke. Rechts mündet die Eyach – im Frühling ein toller Wildbach – in den Neckar. Am Wehr tragen wir links um, im Unterwasser zwingt manchmal der niedrige Wasserstand zum Aussteigen und Treideln. Bald wird das Wasser tiefer, ruhiger, und am alten, niedrigen Lohmühlewehr machen wir eine wohlverdiente Vesper- und Badepause. Auf warmen Kieselsteinen wälzen wir uns faul in der Sonne. Die Kinder spielen im Wasser. Dann geht es weiter. Unter der Börstinger Brücke wartet ein tücki-

scher Schwall. Links oben am Berg grüßt Schloß Weitenburg, und die bewaldeten Hänge treten bis an den Fluß heran. Noch ein zerfallenes, mit etwas Vorsicht befahrbares Wehr, und nach einer scharfen Kehre kommt Sulzau, wo ein großzügiger Golfplatz angelegt wurde. Vor der Brücke legen wir an. Ein Kinderspielplatz, schattenspendende Kastanienbäume und ein einladendes Wirtshaus locken zum Verweilen. Anfänger beenden hier meistens die Wanderfahrt. Weiter erwartet uns noch eine abwechslungsreiche Strecke. Beim Rottenburger Schwimmbad ist das Flußbett etwas steinig und flach, und nach der Eisenbahnbrücke schaukelt ein langer Schwall unsere Boote durch den Stadtpark. Mit ruhigen Paddelschlägen fahren wir an der farbigen Häuserkulisse der Bischofsstadt Rottenburg entlang und beenden bei den Parkplätzen der Uferpromenade unsere Neckartour.

Eines der schönsten Täler des nördlichen Schwarzwaldes ist das Nagoldtal. Dank seines Verlaufs ist es vom Licht durchflutet und wirkt heiter, auch wenn es tief im Buntsandstein eingeschnitten und von hohen Bergen umsäumt ist. Wie aufgefädelte Perlen reihen sich die kleinen, aber sehenswerten Orte – Altensteig, Nagold, Wildberg, Calw und andere – an der grünen Nagold. Alte Fachwerkhäuser, steinerne Brücken und Kirchen spiegeln sich im Wasser des Flußes. Oben, in der Nähe der Quellbäche, hat man eine Talsperre gebaut; heute vergnügen sich hier Segler und Surfer.
Unentwegte Wildwasserfans befahren die Nagold schon ab Altensteig; doch für uns Wanderfahrer wird der Fluß erst ab Hirsau interessant. Am Sportplatz neben der alten Steinbrücke machen wir die Boote startklar. Eine schnelle Strömung nimmt uns auf, und wir verschwinden in einem Tunnel von überhängenden Bäumen, die den Fluß oft von der Umgebung abschirmen. In Ernstmühl ist das erste Wehr. Die Zweier sind rechts zu umtragen, die Einer-Kajaks rutschen bei gutem Wasserstand über die Wehrkrone ins Unterwasser. Leichte Wellen schaukeln die Boote weiter durch die grüne Röhre. Vor Bad Liebenzell gibt es zwei neue Betonstufen, nur 300 m voneinander entfernt. Beide dürfen nicht befahren werden; hier sind Tosbecken mit lebensgefährlichem Rücksog! Tafeln signalisie-

Charakter
Flotter Mittelgebirgsfluß mit sauberem Wasser, ohne nennenswerte Schwierigkeiten ganzjährig befahrbar. Geeignet für alle Bootstypen, mit Faltbooten etwas Vorsicht bei niedrigem Wasserstand wegen verstreuter Steine. An dem Steg ins Monbachtal gerade zwischen die beiden Pfeiler hineinmanövrieren. Flußstrecke zwischen beiden Sohlstufen in Bad Liebenzell nicht befahren, rechts umtragen (500 m)! In Dillweißenstein rechts vor der Brücke eine neue Anlegerampe mit Parkplatz. Mehrere öffentliche Feuerstellen.

Zeltmöglichkeiten
Camping in Altensteig, Wildberg, Bad Liebenzell, Zeltwiese bei Dillweißenstein.

Sehenswertes
Erzgrube: Talsperre.
Altensteig: Fachwerkhäuser.
Nagold: Stadtkern, Burg Altnagold.
Calw: Brücke mit Kapelle, Rathaus, Kirche, Stadtkern.
Hirsau: Benediktinerkloster (11. Jh.), im Juni/Juli Hirsauer Klosterspiele.
Bad Liebenzell: Burg, Thermalbad, Kurpark.
Pforzheim: Stadt mit alter Goldschmiedetradition.

Karten, Literatur
Generalkarte 1 : 200 000 Blatt 21;
Deutsche Idealkarte 1 : 100 000
Blatt 42; Topogr. Karte 1 : 50 000
Baden-Württemberg Blatt L; 7118,
L 7318; Kanuführer für Südwestdeutschland; Kanu-Sport 23/1977;
Kanuführer Württemberg.

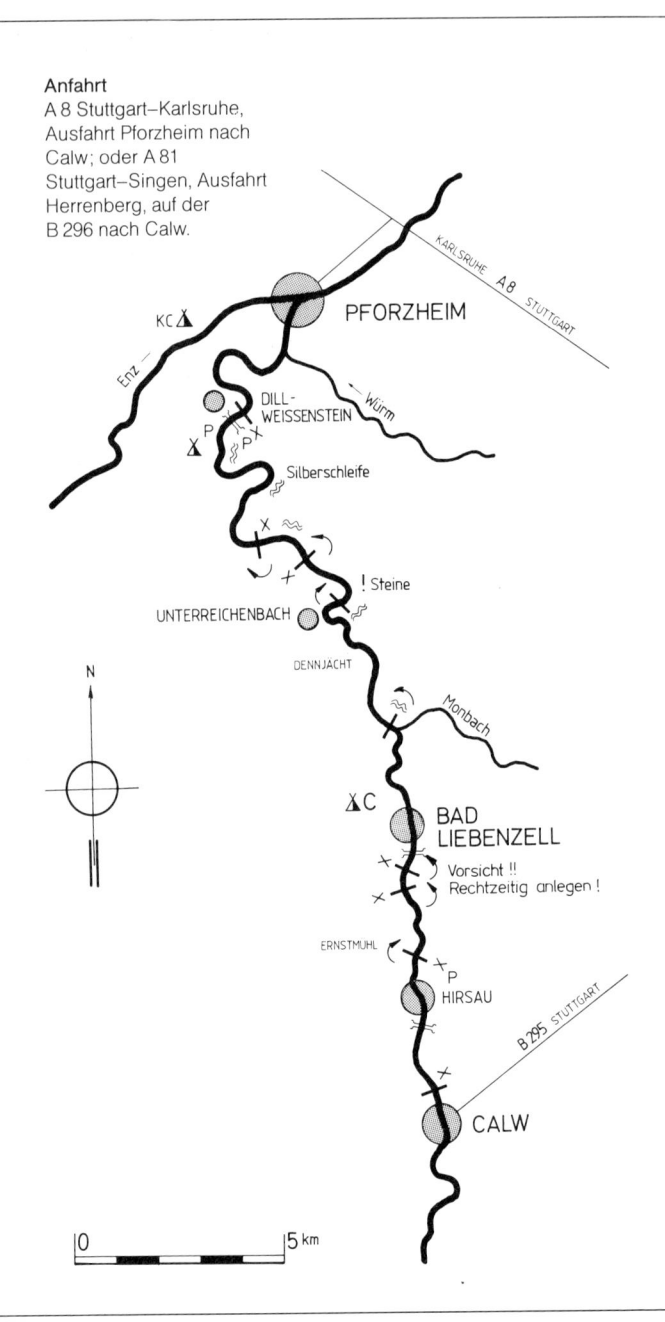

Anfahrt
A 8 Stuttgart–Karlsruhe,
Ausfahrt Pforzheim nach
Calw; oder A 81
Stuttgart–Singen, Ausfahrt
Herrenberg, auf der
B 296 nach Calw.

KARLSRUHE A 8 STUTTGART

KC

PFORZHEIM

Enz

DILL-
WEISSENSTEIN

Würm

P

P

Silberschleife

! Steine

UNTERREICHENBACH

DENNJACHT

Monbach

C

BAD
LIEBENZELL

Vorsicht !!
Rechtzeitig anlegen !

ERNSTMÜHL

P
HIRSAU

B 295 STUTTGART

CALW

N

0   5 km

Am Wehr in Unterreichenbach hilft man sich beim Herüberschieben der Boote.

Die wohlverdiente Vesperpause am Lagerfeuer.

Kurze Wanderrast am Fluß unterhalb Bad Liebenzell.

Umtragestelle an der Nagold.

ren die Umtragestellen. Wir verwünschen den kanufeindlichen Erbauer und ziehen die Boote ans rechte Ufer. Nachher geht die Reise weiter durch den Kurpark. Bald nähern wir uns der Mündung des Monbachtales. Eine alte Fußgängerbrücke, unter ihr ein halbzerfallenes Wehr. Zwischen den zwei

Brückenpfeilern jagt das Wasser in die Floßgasse; es macht Spaß, die spritzige Stelle zu meistern. Das Tal wird breiter, die Ufer werden niedriger, und an den Gärten der kleinen Ortschaft Dennjächt vorbei erreichen wir Unterreichenbach. Das Wehr ist problemlos zu umtragen, genauso wie zwei an-

Berghänge begleiten die Nagold auf ihrem Lauf.

dere, die noch auf uns warten. Manchmal fehlt es hier an Wasser, das Wort »Wasserwanderung« nimmt man dann wörtlich. Es folgt die sportlich schönste Passage unserer Kanufahrt. Der Fluß schlängelt sich an kleinen Inseln vorbei, ein paar tückisch im Flußbett verstreute Steinbrocken warten auf den Faltbootfahrer. Nach der langen Schwallstrecke in der Silberschleife taucht bald unser Ziel, die große Spielwiese bei Weißenstein, auf. Wir beenden hier die Fahrt. Es wird gegrillt, Ball gespielt und gebadet. Manche fahren noch 2 km weiter bis zur neuen Brücke im Städtchen und legen erst dort mit den Booten an der neuen Steinrampe an.

21 Enz

Mühlacker – Besigheim

Stromgebiet Neckar

46 km
2–3-Tage-Fahrt

Durch die dunklen Wälder des nördlichen Schwarzwaldes springt die Enz, schäumend und spritzend im verblockten Flußbett als köstliches, sportlich sehr anspruchsvolles Wildwasser, dem im Frühling die besten Kanufahrer aus der weiten Umgebung ihre Referenz erweisen. Westlich von Pforzheim wird sie ruhiger und sägt in ausgeprägten Umlaufschleifen die Muschelkalkplatte des Weinlandes zwischen dem Stromberg und Neckar durch. Eindrucksvolle mittelalterliche Stadtsilhouetten säumen ihre Ufer, und Rebenhänge gestalten zusammen mit Laubwäldern die Flußlandschaft. Weil ihr Unterlauf vor ein paar Jahren noch recht verschmutzt war, wurde sie in diesem Abschnitt von den Kanufahrern vernachlässigt. Doch die-

Unter den Muschelkalkwänden in Mühlacker beginnt unsere Enzwanderung.

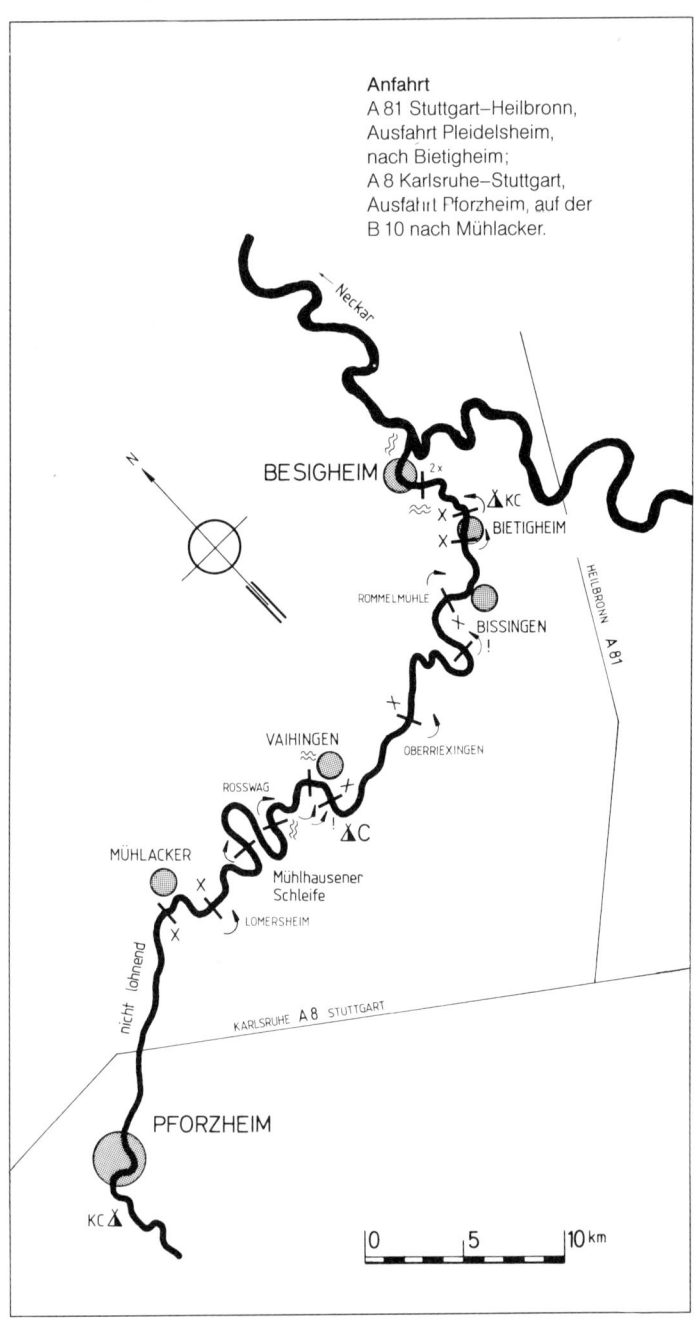

Anfahrt
A 81 Stuttgart–Heilbronn,
Ausfahrt Pleidelsheim,
nach Bietigheim;
A 8 Karlsruhe–Stuttgart,
Ausfahrt Pforzheim, auf der
B 10 nach Mühlacker.

Neckar

BESIGHEIM
2 x
KC
BIETIGHEIM

ROMMELMUHLE
BISSINGEN
!

HEILBRONN A 81

VAIHINGEN
OBERRIEXINGEN

ROSSWAG
C

MÜHLACKER
Mühlhausener
Schleife
LOMERSHEIM

nicht lohnend

KARLSRUHE A 8 STUTTGART

PFORZHEIM

KC

0   5   10 km

Vor der eindrucksvollen Stadtkulisse von Besigheim.

Charakter
Landschaftlich sehr ansprechender, wenig regulierter, mäßig schnell fließender Wanderfluß. Bei mittlerem Wasserstand ab Mühlacker mit allen Bootstypen befahrbar, bei Faltbooten Vorsicht auf Steine in der Mühlhausener Schleife! Außer Wehranlagen, vor denen man rechtzeitig anlegen sollte, somit auch für wenig erfahrene Kanufahrer geeignet. Mäßig sauberes Wasser, sehr fischreich.

Zeltmöglichkeiten
Zeltplatz in Vaihingen beim Luftbad, Kanu-Club-Wiese in Bietigheim.

Sehenswertes
Besigheim: Am Felssporn langgezogene Altstadt, spätgotisches Rathaus, Staufer Rundtürme, Brunnen, Evangelische Kirche mit 13 m hohem Schnitzaltar.
Bietigheim: Enzviadukt, Altstadt, Rathaus, japanischer Garten, 1. Septemberwoche Pferdemarkt.
Bissingen: Ruine Elisenberg.
Unterriexingen: Friedhofskirche, ehem. Wasserburg.
Oberriexingen: Wehrkirche mit Haubenturm, römisches Weinmuseum.
Vaihingen: Schloß Kaltenstein, Pulverturm, Rathaus.
Roßwag: Bekannter Weinort, alte Fachwerkhäuser, Martinskirche.
Mühlhausen: Weinort, Schloß, einmalige Flußschleife mit Felsenhängen und Weinbergen.
Mühlacker: Burgruine Löffelstelz.

Karten, Literatur
Generalkarte 1:200 000 Blatt 18; Deutsche Idealkarte 1:100 000 Blatt 42; Topogr. Karte Baden-Württemberg 1:50 000 Blatt L 7118, L 7120; Kanuführer für Südwestdeutschland; Deutsches Flußwanderbuch; Kanuführer Württemberg.

Der große Familien-Canadier bietet auch für Kinder genug Platz.

Jugend im Boot – der Kanuwandersport hat keine Nachwuchsprobleme.

sem Problem wurde in der letzten Zeit mit etlichen Kläranlagen kräftig zu Leibe gerückt. Unter den Brücken stehen heute zur großen Freude der Angler wieder Forellen, und durch die Schloßwiesen bei Roßwag spazieren Fischreiher.

Einen idealen Einsatzort für unsere Kanuwanderung finden wir in Mühlhausen auf der Uferwiese unterm Mühlhof-Parkplatz. Hier können wir ungestört unsere Vorbereitungen treffen und die Boote zu Wasser lassen. In einer langgezogenen Rechtskehre trägt uns die Strömung an der Stadtparkpromenade vorbei. Enten und Gänse gründeln im seichten Wasser, hohe Weiden und Pappeln begleiten den Flußlauf. Leider können wir wegen einer Wasserableitung die landschaftlich beeindruckende Mühlhausener Schleife nur bei gutem Wasserstand durchpaddeln.

Im Hochsommer müssen wir treideln oder die Kanus mit dem Bootswagen ca. 550 m weit über den Umlaufberg karren und beim E-Werk wieder einsetzen. Manche schrägen Enzwehre sind auch für Kunststoff-Zweier befahrbar, etwaige Umtragestellen nur kurz. Am Bietigheimer Wehr erleichtert eine Holztreppe rechtsufrig an der neuen Straßenbrücke das Anlegen. Um das Stadtwerk herum, rechts durch den neuangelegten Park, am Pavillon der Landesgartenschau vorbei, tragen wir die Boote ins Unterwasser.

Es folgt noch eine schöne Fahrt entlang der romantischen Stadtkulisse von Besigheim.

Nach zwei niedrigen Wehren mündet die Enz in lustig hüpfenden Schwällen unterhalb der Stadt in den Neckar.

22 **Kocher**

Stromgebiet Neckar

Schwäbisch Hall –
Bad Friedrichshall

85 km
Ferienfluß

Bald durch ein schmales, mit hellen Laubwäldern umsäumtes, gewundenes Tal in kleinen Schwällen glucksend, bald durch blühende Wiesen und in regelmäßigen Schleifen mäandernd, unter Weinbergen und an kleinen Orten vorbeifließend, eilt der Kocher von seiner Quelle unterm Volkmarsberg, zwischen Limpurger Bergen und Meinhardter Wald durch die alte Salzstadt Schwäbisch Hall in nördliche Richtung. Bei Kocherstetten vollführt er eine Rechtsschleife und nimmt weiter seinen Lauf durch eine stille, besinnlich stimmende Landschaft, um fast gleichzeitig mit seiner Nachbarin, der Jagst, bei Bad Friedrichshall den Neckar zu erreichen. Er ist ein ausgesprochener Wanderfluß, der keine Überraschungen oder Tükken birgt. Die etlichen schrägen Schußwehre sind nur niedrig und bereiten bei normalem Wasserstand beim Umtragen oder eventuellen Befahren keine Schwierigkeiten. Nur beim hohen Buchenmühle-Wehr und dem großen Walzenwehr in Künzelsau müssen wir die Boote links ca. 100 m weit umtragen. Bei gutem Wasser im Frühling fahren wir schon ab der Steinbacher Brücke unterhalb der mächtigen Comburg, einem befestigten romanischen Kloster. Vor

Bei gutem Wasserstand können wir die alte Salzstadt Schwäbisch Hall vom Fluß aus bewundern.

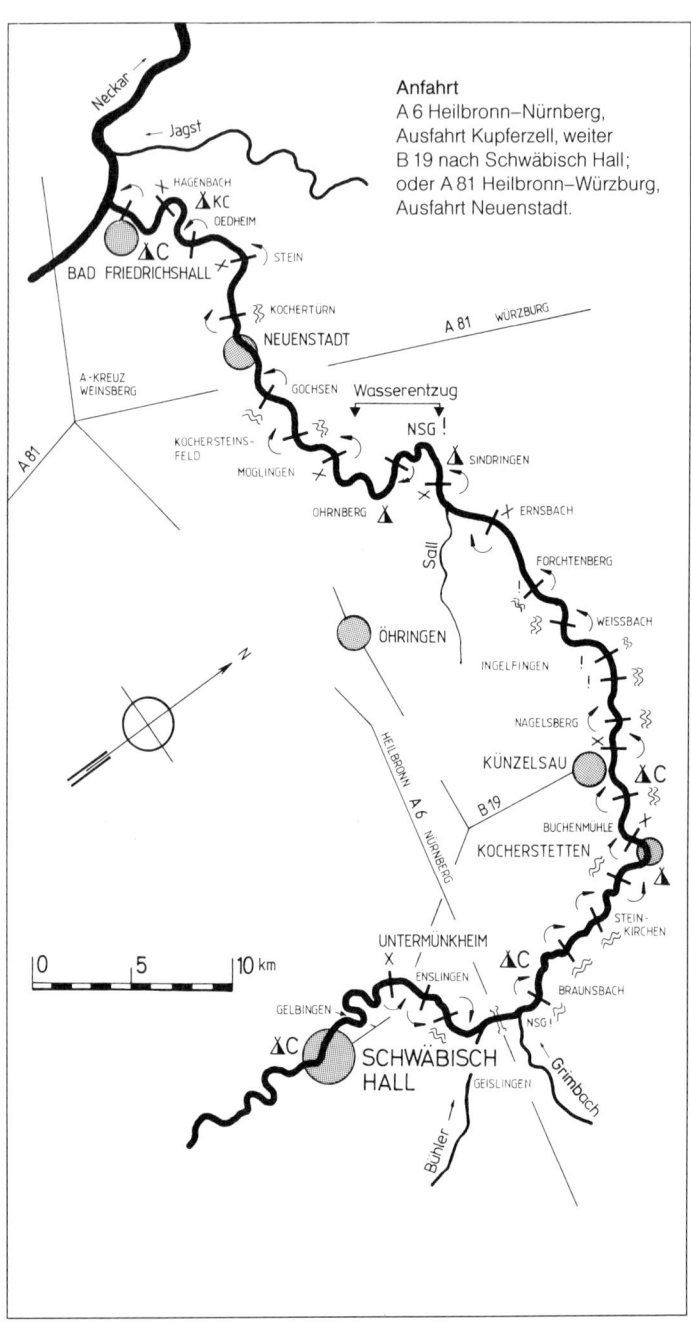

Anfahrt
A 6 Heilbronn–Nürnberg,
Ausfahrt Kupferzell, weiter
B 19 nach Schwäbisch Hall;
oder A 81 Heilbronn–Würzburg,
Ausfahrt Neuenstadt.

Neckar
Jagst
HAGENBACH
KC
OEDHEIM
ΔC
BAD FRIEDRICHSHALL
STEIN
KOCHERTÜRN
NEUENSTADT
A 81 WÜRZBURG
A-KREUZ
WEINSBERG
GOCHSEN
Wasserentzug
NSG !
KOCHERSTEINS-
FELD
A 81
MÖGLINGEN
SINDRINGEN
OHRNBERG
ERNSBACH
Sall
FORCHTENBERG
ÖHRINGEN
WEISSBACH
INGELFINGEN
NAGELSBERG
HEILBRONN A 6 NÜRNBERG
KÜNZELSAU
ΔC
B 19
BUCHENMÜHLE
KOCHERSTETTEN
Δ
STEIN-
KIRCHEN
UNTERMÜNKHEIM
ΔC
ENSLINGEN
BRAUNSBACH
0   5   10 km
GELBINGEN
NSG !
Grimbach
ΔC
SCHWÄBISCH
HALL
GEISLINGEN
Bühler

der ehemaligen Reichsstadt Schwäbisch Hall angekommen, bietet sie vom Fluß aus ein einmaliges mittelalterliches Stadtpanorama; zwei Umtragestellen nehmen wir dafür gerne in Kauf. Am nächsten, unfahrbaren Wehr unterhalb der Stadt wird soviel Wasser abgeleitet, daß die folgende Strecke bis Untermünkheim nur bei hohem Wasserstand im Frühling befahrbar ist. Ganzjährig können wir ab Untermünkheim fahren; auch für weniger erfahrene Paddler ist es besser, erst dort einzusetzen. Im flotten Tempo geht es durch das stille, wenig besiedelte Tal. Eine S-Kurve wartet mit einem nach rechts ziehenden Schwall. Beim gemütlichen Marktflecken Geislin-gen nimmt der Kocher den kleinen Wildbach Bühler auf. Hier schwebt über uns die Kochertalbrücke, deren schlanke Betonpfeiler eine schwindelerregende Höhe von 185 m erreichen. Am Naturschutzgebiet Grimbachmündung liegt links ein grauer, felsartiger Keuperhang. Bald nähern wir uns, in leichten Wellen schaukelnd, dem Ort Braunsbach. Immer wieder sehen wir Milane, Bussarde und Fischreiher durch die Lüfte kreisen. Das Tal wird noch freundlicher; blühende Obstbäume leuchten im Frühjahr von den grünen Hängen. Niedrige Ufer säumen den Fluß, wenn wir das halbrunde Schußwehr in Steinkirchen erreichen. Die Einer fahren drüber, und

Charakter
Überwiegend zügig strömender Wanderfluß, ohne fahrtechnische Schwierigkeiten. Ab Untermünkheim ganzjährig auch mit Zweierbooten befahrbar, doch im Sommer etwaige Treidelstellen möglich (Bei Sindringen und Buchenmühle Wasserabzug). Wehre teilweise befahrbar, sonst leicht umzutragen. Vor dem Wehr in Künzelsau links Treppe zum Anlanden, nach 100 m Treppe zum Einsetzen. Wasser mäßig sauber, im Unterlauf stellenweise verschmutzt, Kläranlagen im Bau. Fluß auch für wenig erfahrene Kanufahrer zu empfehlen. PKW-Begleitung durchgehend möglich. NSG bei Sindringen nicht in großen Gruppen befahren!

Zeltmöglichkeiten
Camping Steinbach, Braunsbach, Kocherstetten, Künzelsau-Festwiese, Ohrnberg, Oedheim, Camping Hirschfeldpark.

Sehenswertes
Steinbach: Comburg, befestigtes Benediktinerkloster, Frauenkloster.
Schwäbisch Hall: Salzsiederstadt, viele Fachwerkhäuser, St.-Michaels-kirche, Großes Büchsenhaus, Brunnen, Rathaus, Keckenburg, Tortürme, Brücken (u. v. a.).
Braunsbach: Schloß, St.-Bonifazkirche.
Kocherstetten: Burg Stetten, Burg Tierberg.
Künzelsau: Fachwerkrathaus, Pfarrkirche, ehem. hohenlohisches Schloß.
Ingelfingen: Kleine Residenzstadt mit Ringmauer, Schloß mit Park, Apotheke, Kocherbrücke.
Niedernhall: Weinort, Fachwerkrathaus, Adelshäuser, Stadtmauer.
Forchtenberg: Stadtmauer mit Toren und Türmen, Friedhofskapelle, Fachwerkhäuser.
Neuenstadt: Burg, Stadttore, alte Fachwerkhäuser, Freilichtbühne, Schloß Bürg.
Bad Friedrichshall: Rathaus, Schloß Grecken, Salzbergwerk.

Karten, Literatur
Generalkarte Blatt 18, Blatt 19; Deutsche Idealkarte 1 : 100 000 Blatt 28, 29, 24; Deutsches Flußwanderbuch; Kanuführer für Südwestdeutschland; Kanusport 1976/S. 173; Kanuführer Württemberg.

Am Kocher bei Enslingen.

bald sind wir an der Flußbiegung in Kocherstetten. Unterhalb der Pegelschwelle bei der schönen Steinbrücke legen wir an und besichtigen das hoch am Berg liegende Schloß Stetten. Tiefer und tiefer schneidet sich der Fluß in das Tal hinein; es wird enger. Bei Künzelsau reichen die Hänge bis an die Ufer. Das lebhafte Städtchen mit dem alten Fachwerkrathaus und dem rot leuchtenden hohenlohischen Schloß verdient einen Aufenthalt. Weiter flußabwärts weichen die Hänge wieder zurück, und rechtsufrig begleiten uns die ersten Weinberge. Links unter einem steilen Burghang klebt die pittoreske Kleinstadt Forchten-

berg mit ihren terrassenförmig ansteigenden Gassen, schönen Fachwerkhäusern und Loggien an der Stadtmauer. Nach dem flachen Winkelwehr wird es im Tal wieder stiller; über mehrere Kilometer hinweg liegt keine Siedlung am Fluß. Leise fahren wir durch ein Fischreiher-Schutzgebiet, um die seltenen Großvögel nicht zu stören. Die Berghänge werden flacher, der Fluß träger. Noch ein Höhepunkt: Weithin sichtbar thront auf dem rechten Kocherufer gegenüber Neuenstadt das Renaissanceschloß Bürg. Unsere Kanuwanderung können wir günstig am Bootshaus des Oedheimer Kanu-Clubs beenden. Oder wir fahren bis zur Mündung nach Bad Friedrichshall, wo eine Besichtigung des Salzbergwerks die Tour abschließt.

◁ An der steinernen Brücke in Kocherstetten.

Es ist das Land der hohenlohischen Burgen und Schlößer, ein Land des Weines und ein Land des sagenumwobenen, tapferen Ritters Götz von Berlichingen, das die Jagst auf ihrem Wege von der Schwäbischen Alb zum Neckar durchfließt. Und es ist ein tiefeingeschnittenes, vielgewundenes Tal, dessen Besiedlungsgeschichte über die Römerzeit bis zu den Kelten reicht. Hier liegen noch kleine Orte so am Fluß, als wären sie von der modernen Zeit vergessen worden. Nur ganz wenige Industriebetriebe haben sich angesiedelt. So blieben Flora und Fauna am Flußlauf weitgehend erhalten und das Wasser ziemlich sauber, was uns Kanuten nur recht sein kann.

Doch die vielen, wenn auch überwiegend befahrbaren Wehre und Stufen trüben etwas die Paddelfreude auf dem lebendig dahinplätschernden Flüßchen. Bei gu-

Charakter

Durch die vielen, teils befahrbaren Wehre ist die Jagst ein Wanderfluß mit sportlicher Note. Beste Zeit: erste Jahreshälfte. Am Oberlauf wurden durch den Neubau von Röhrenfurten bei Jagstzell und Bächlingen unbefahrbare, gefährliche Verbauungen geschaffen; hier rechtzeitig anlegen und umtragen! Manche Wehre wurden in letzter Zeit mit großen, scharfkantigen Steinen ausgebessert. Eine Besichtigung der Wehre vor einer Durchfahrt wird dringend empfohlen. Trotz dieser Behinderungen ist die Tour sehr lohnend und für Wanderfahrer mit Erfahrungen zu empfehlen. Für Kunststoffboote ein idealer Fluß, Faltboote erst ab Dörzbach einsetzen! PKW-Begleitung ab Langenburg durchgehend möglich, Eisenbahnbetrieb von Möckmühl bis Dörzbach (historischer Dampfzug).

Zeltmöglichkeiten

Crailsheim, Kirchberg, Bächlingen, Olnhausen, Möckmühl, Neudenau.

Sehenswertes

Crailsheim: Ehem. Reichsstadt, Heimatmuseum, Stadtkirche.

Kirchberg: Stadtmauer, Schloß Hornberg, Ruine Sulz.

Langenburg: Schloß, Stadtkirche, Marktplatz.

Dörzbach: Kirche mit Grünewald-Altar, Schloß.

Krautheim: Bergstadt, kl. Schloß, Kapelle.

Schöntal: Klosterkirche mit Grabstein des Ritters Götz.

Jagsthausen: Burgen, Limes, Freilichtbühne, Festspiele.

Möckmühl: Stadtmauer, Götzenburg, malerische Altstadt.

Neudenau: Marktplatz, Brunnen, Rathaus, Burg Herboltzheim.

Bad Wimpfen: Pfalz, Kirche, Fachwerkhäuser, Steinhaus, Heilbad.

Karten, Literatur

Generalkarte 1 : 200 000 Blatt 19, 16, 18; Deutsche Idealkarte 1 : 100 000 Blatt 24, 25; Topogr. Karte 1 : 50 000 Baden-Württemberg Blatt L 6926, L 6724, L 6924, L 6722, L 6720; Deutsches Flußwanderbuch; Kanuführer für Südwestdeutschland; Kanu Sport 1976/S. 173, 1983/1; Kanuführer Württemberg.

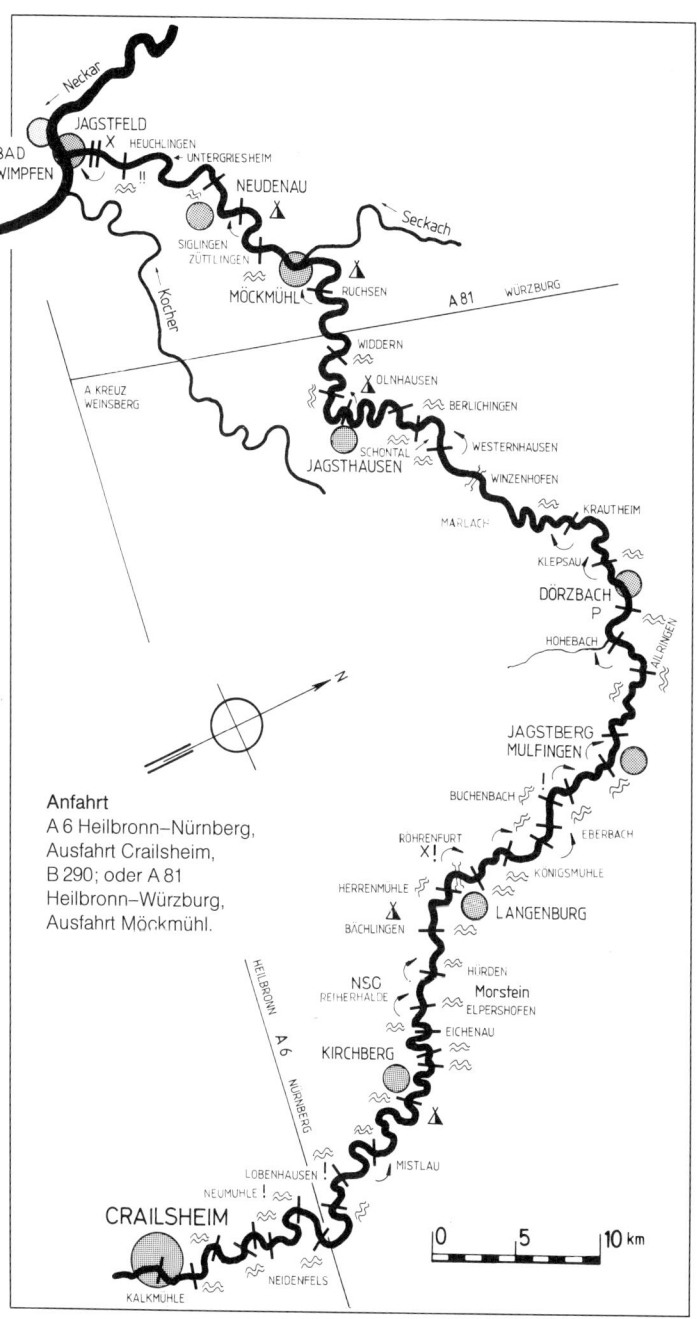

Neckar

JAGSTFELD
BAD WIMPFEN
X HEUCHLINGEN
UNTERGRIESHEIM
NEUDENAU
Seckach
SIGLINGEN
ZÜTTLINGEN
MÖCKMÜHL
RUCHSEN
A 81 WÜRZBURG
Kocher
A KREUZ WEINSBERG
WIDDERN
X OLNHAUSEN
BERLICHINGEN
WESTERNHAUSEN
JAGSTHAUSEN
SCHÖNTAL
WINZENHOFEN
KRAUTHEIM
MARLACH
KLEPSAU
DÖRZBACH
P
HOHEBACH
AILRINGEN
JAGSTBERG
MULFINGEN
BUCHENBACH
EBERBACH
RÖHRENFURT
X !
KÖNIGSMÜHLE
HERRENMÜHLE
BACHLINGEN
LANGENBURG
HÜRDEN
NSG REIHERHALDE
Morstein
ELPERSHOFEN
EICHENAU
KIRCHBERG
HEILBRONN A 6 NÜRNBERG
MISTLAU
LOBENHAUSEN !
NEUMÜHLE !
CRAILSHEIM
KALKMÜHLE
NEIDENFELS

N

Anfahrt
A 6 Heilbronn–Nürnberg,
Ausfahrt Crailsheim,
B 290; oder A 81
Heilbronn–Würzburg,
Ausfahrt Möckmühl.

0   5   10 km

tem Wasserstand mit Einern schon ab Crailsheim befahrbar, windet sich die Jagst zwischen Wiesen und Wäldern in nördlicher Richtung durch die Hohenloher Ebene. Viele Mühlen, Burgruinen und mittelalterliche Städtchen säumen ihren Lauf: Kirchberg, Langenburg, Leonfels, Dörzbach. Alle locken zum Pausieren und Besichtigen. Bei Dörzbach, einem idyllischen Marktflecken und günstigen Einsatzort für Zweierboote, wendet sich der Fluß nach Westen. Unter der Burg Krautheim, am Zisterzienserkloster Schöntal vorbei, kommen wir nach Jagst-

hausen, dem freundlichen Dreiburgenstädtchen. Hier wird alljährlich auf der Freilichtbühne in der Burg Goethes »Götz von Berlichingen« gespielt. Doch die Perle des Jagsttales ist Möckmühl, das, am Berg angelehnt, von der stolzen Götzenburg beherrscht wird. Es lohnt sich, hier zu bleiben und gemütlich durch das kleine Städtchen zu spazieren, die Aussicht von der Burg zu genießen und in das benachbarte Seckachtal hinaufzuwandern. Am nächsten Tag paddeln wir weiter durch die großen Schleifen des tiefeingeschnittenen Muschelkalktales in Richtung Neckar. Überraschend taucht vor uns das romantisch liegende Neudenau auf; hier überspannt die alte St.-Nepomuk-Steinbrücke die Jagst. Ein sportlicher Schwall, wieder Mühlwehre, befahrbare Stufen, Umtragestellen – es wird nie lang-

◁ Die Klosteranlage Schöntal gehört zu den Perlen des Jagsttales.

Ein typisches befahrbares Schrägwehr an der Jagst.

Beim Ruderclub in Bad Wimpfen am Neckar endet unsere Jagstfahrt.

weilig auf einer Jagstfahrt. In Untergriesheim finden wir unter der
Brücke einen günstigen Anlegeplatz. Wenn wir hier die Fahrt beenden, sparen wir uns das Umtragen an drei Wehren in Heuchlingen und Duttenberg. Wer dies

jedoch nicht scheut, fährt bis zur
Mündung gegenüber der eindrucksvollen Silhouette der ehemaligen Reichsstadt Wimpfen, wo
sich links an der Neckarbrücke
beim Ruderheim eine gute Anlan-
destelle befindet.

24 **Tauber**

Stromgebiet Main

Tauberrettersheim –
Wertheim

58 km
3-Tage-Fahrt

Entlang einer alten Handelsstraße, vorbei an Städtchen mit klingenden Namen, windet sich die schmale Tauber durch ein heiteres, lichtdurchflutetes welliges Tal. Manchmal ist ihr Lauf kaum zu entdecken, so verschwiegen und versteckt zwischen Erlen, Weiden und Ulmen bemüht sie sich, ihren Weg zu finden. Bedächtig und dunkelgrün leuchtend fließt sie durchs Tal, dessen Wärme bis spät in den Herbst den Anbau eines Weines voller Würze und Blumigkeit erlaubt.
Als Wanderfluß ist die Tauber trotz der vielen Wehre gut befahrbar,

und der Kanute sollte sich für die vielen sehenswürdigen Städtchen, Burgen und Kirchen viel Zeit lassen. Im Frühling können wir bei höherem Wasserstand die Kunststoff-Einer schon in Rothenburg ob der Tauber einsetzen. Bis Creglingen erwartet uns ein bachartiger, wenig berührter Flußlauf mit 15 Wehren. Die Zweier setzen wir erst in Creglingen oder noch besser in Tauberrettersheim ins Wasser. Zuvor hat der Fluß schon die klare Gollach und Steinach aufgenommen. An der schönen alten Steinbrücke, wo das flache Flußbett vom schnatternden Gänse-

Charakter
Sehr langsam fließender Wanderfluß, bis Weikersheim flach, teilweise steinig. Auf der ganzen Länge ist der Flußlauf zwischen Bäumen versteckt. Viele Wehre, überwiegend nicht fahrbar, doch gut zu umtragen. Für Kunststoffboote, ab Bad Mergentheim auch für Faltboote geeignet. Sehr fischreich, verhältnismäßig sauber. PKW-Begleitung auf der ganzen Flußlänge möglich.

Zeltmöglichkeiten
Camping in Rothenburg, Münstercamping Creglingen, (nicht am Fluß), Igersheim, Mergentheim, Reicholzheim, Wertheim.

Sehenswertes
Rothenburg o. d. Tauber: völlig erhaltene mittelalterliche Stadt, Dom, Rathaus (u. v. a.).
Creglingen: Herrgottskirche mit geschnitztem Flügelaltar von Riemenschneider, Fingerhut-Museum.

Röttingen: Barockes Rathaus, Stadttor.
Weikersheim: Schloß mit Rittersaal, Orangerie, Orgelbau.
Bad Mergentheim: Salzquellen, Deutschordens-Hochmeisterschloß, Rathaus mit Wendeltreppe, Altstadt.
Gerlachsheim: Klosterkirche.
Tauberbischofsheim: Kurmainzisches Schloß, alte Patrizierhäuser, Museum, St.-Jakobs-Kirche.
Gamburg: Raubritternest, Eulschirben-Mühle.
Bronnbach: Zisterzienserkloster, Musiktage.
Wertheim: Altstadt, Burg, Stadtkirche mit »Bettlade« des Grafen Ludwig v. Löwenstein, Kilianskapelle.

Karten, Literatur
Generalkarte 1 : 200 000 Blatt 16;
Deutsche Idealkarte 1 : 100 000
Blatt 24
Kanuführer für Südwestdeutschland;
Deutsches Flußwanderbuch.

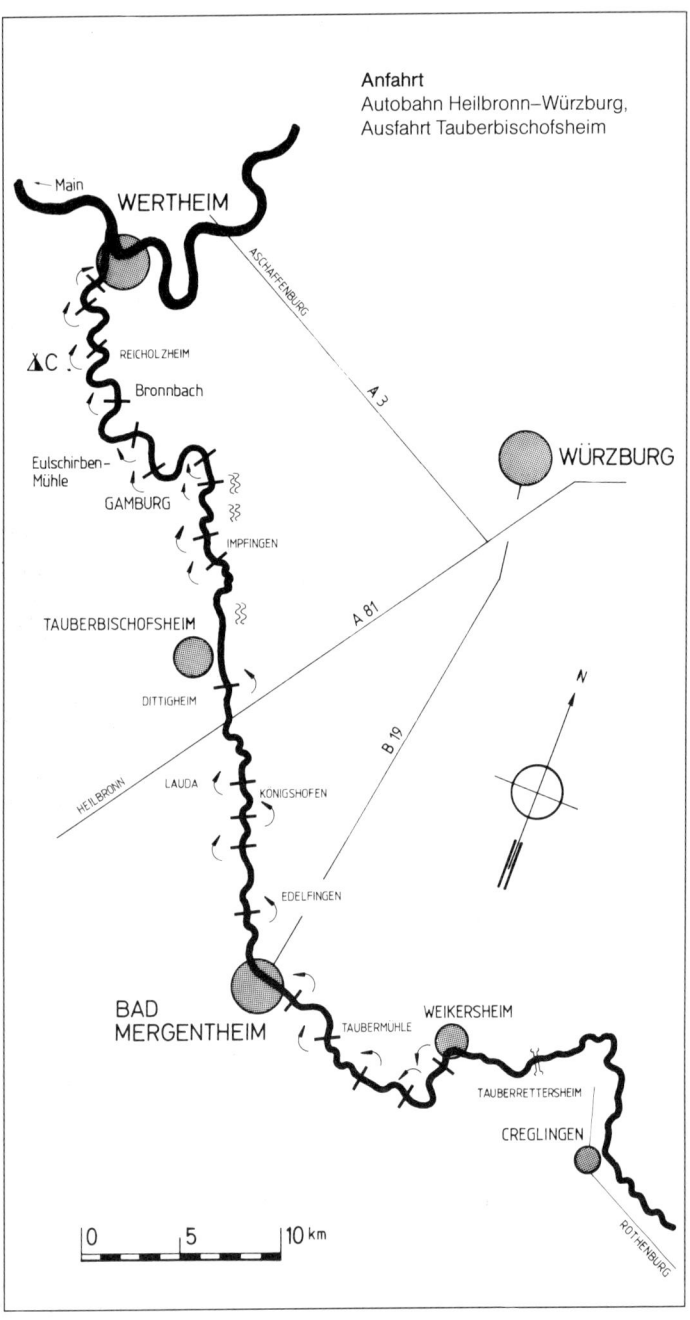

Anfahrt
Autobahn Heilbronn–Würzburg,
Ausfahrt Tauberbischofsheim

Main

WERTHEIM

▲C

REICHOLZHEIM

Bronnbach

ASCHAFFENBURG

A 3

WÜRZBURG

Eulschirben-
Mühle

GAMBURG

IMPFINGEN

A 81

TAUBERBISCHOFSHEIM

DITTIGHEIM

HEILBRONN

LAUDA

KÖNIGSHOFEN

B 19

N

EDELFINGEN

BAD
MERGENTHEIM

TAUBERMÜHLE

WEIKERSHEIM

TAUBERRETTERSHEIM

CREGLINGEN

ROTHENBURG

0   5   10 km

volk bevölkert wird, können wir bei mittlerem Wasserstand auch Faltboote aufbauen. Nach einer Stunde gemütlicher Kanufahrt treffen wir in Weikersheim ein. Hier lockt das herrliche Renaissanceschloß mit seinem Rittersaal und der südlich anmutenden Orangerie im Park zur Besichtigung. Nachher tragen wir am Wehr des E-Werks die Boote um. Jetzt begleitet den Fluß ein beidseitiger Weinberggürtel, und an der Idersheimer Tauberbrücke grüßt uns der Brückenheilige St. Nepomuk mit abgenommenem Birett. Er weist den Weg nach Bad Mergentheim, der Hoch-

burg des Deutschritterordens. Die Altstadt lohnt einen Aufenthalt. Nachher wird die Landschaft flacher, der Fluß mäandert. Durch viele kleine Kehren, unter der Pfeilerbrücke der Autobahn Heilbronn–Würzburg, werden die Kanus nach Tauberbischofsheim getragen. Die renovierte Stadt mit ihrer großen Fußgängerzone lädt zum ausgedehnten Spaziergang ein, um die üppig geschmückten Fassaden der barocken Patrizierhäuser zu bewundern. Am Freibad vorbei und durch die Stadt hindurch ist die Tauber reguliert. Mehrere spritzige Schwälle und kleine

Durch eine parkähnliche Landschaft paddeln wir auf der Tauber.

In Wertheim, einem ehemaligen römischen Handelsplatz, mündet die Tauber in den Main.

Stufen sorgen für eine sportliche Einlage. Ab Werbach ändert sich dann der Talcharakter. Der Fluß schwingt in weiten rhythmischen Schleifen durch das Buntsandsteingebirge zum Main. Terrassierte Weinberge und Wälder reichen bis an die Ufer des ruhig fließenden Gewässers. Bis zur Mündung erwarten uns noch sechs Wehre, die aber leicht zu überwinden sind. Je nach Wasserstand genügt es, das Boot über die schräge Wehrfläche zu ziehen oder kurz umzutragen. Leise paddeln wir durch das grüne Tal. Hoch über uns, auf einer steilen Bergnase, entdecken wir das alte Raubritternest Gamburg, und am Ufer zwischen den Bäumen erblicken wir die schlößchenartige Eulschirben-Mühle. Hier war nach einer Sage die bezaubernde Wassernixe Melusine zu Hause. Bei Bronnbach, einem ehemaligen Zisterzienserkloster mit herrlichen Kreuzgängen, wartet das nächste Wehr auf uns, und die alte Sandsteinbrücke kündigt Reicholzheim, den Mittelpunkt der Winzergenossenschaft Frankenland, an. Ein ruhiger Campingplatz bietet sich am Flußufer zum Übernachten an. Im gemütlichen Wirtshaus lassen wir uns abends einen guten heimischen Wein kredenzen. Nur noch eine kurze Tagesetappe steht uns bis Wertheim bevor. Beim Wehr der Sauerstoff-Fabrik tragen wir die Boote links über den Sportplatz um. Nachher schiebt uns die Strömung etwas lebhafter durch das jetzt tiefeingeschnittene Tal nach Wertheim, dem uralten Handelsplatz an Main und Tauber. Die mächtige Grafenburg beherrscht noch heute die Stadt, in der es viele Bau- und Kunstwerke zu bestaunen gibt. An der Taubermündung liegt das Bootshaus der Wertheimer Kanuten, auf dessen Gelände wir unsere Boote abbauen können.

25 Fränkische Saale

Bad Neustadt – Gemünden

Stromgebiet Main

96 km
Ferienfluß

Schon den alten Römern war die Fränkische Saale, irgendwo an der nördlichsten Grenze ihres Weltreiches fließend, als salzbringender Fluß, die Sole, bekannt. Von ihrer Quelle im Grabfeld, gespeist von vielen Seitenbächen und kleinen Flüßchen, pendelt sie im stetigen Hin und Her durch die Buntsandsteinplatte des Rhön-Vorlandes. Die Saale zieht an Bad Neustadt und dem weltberühmten Bad Kissingen vorbei und mündet bei Gemünden in den Main. Ihrer Reize ist sie sich schon in Bad Neustadt bewußt, wo sie als akzeptables Wanderflüßchen mit Einer-Booten recht gut befahrbar ist.

In vielen Schleifen und über fünf Wehre können wir die Fahrt nach Bad Kissingen in zwei Tagen bewältigen. Hier begegnen wir kleinen Ausflugsschiffen, deren Kapitäne in weißen Uniformen ihre Gäste am gestauten Fluß durch den Park schippern. Nach der Kläranlage unter dem Kurpark lassen wir auch die Faltboot- und Kanu-Zweier ins Wasser. Am herrlichen Golfplatz entlang zieht eine schnelle Strömung die Boote durch das tiefeingeschnittene Tal; ein paar im Flußbett verstreute Felsblöcke fordern unsere Aufmerksamkeit. Steile,

Charakter
Verträumter Wanderfluß, ab Bad Kissingen mit allen Bootstypen befahrbar. Ab hier auch für Anfänger geeignet. Sauberes Wasser und sandiges Flußbett locken zum Baden. Wehre mit Einern überwiegend befahrbar, sonst leicht umzutragen. Vorsicht beim Ausbooten in Unterebersbach; wegen Sog rechtzeitig links anlegen! Das Walzenwehr vor Bad Kissingen am Wehrhaus links umtragen. PKW-Begleitung möglich.

Zeltmöglichkeiten
Camping Bad Kissingen, Elfershausen, Pfaffenhausen, Morlesau, Roßmühle, Gemünden – Kanu-Club-Zeltplatz, Campingplatz.

Sehenswertes
Bad Neustadt: Stadtmauer mit Türmen, Rathaus, Burg Salzburg.
Bad Aschach: Schloß mit Museum.
Bad Bocklet: Biedermeierhäuser, Kurpark.
Bad Kissingen: Kurpark, Barockbauten, Regentenbau, Brunnen, Rathaus, Ruine Bodenlaube.
Euerdorf: Alte Brücke, Marktbefestigung, Ruine Trimburg.
Aura: Benediktinerkloster, alte Steinbrücke.
Hammelburg: Bürgerhäuser, Rathaus, Schloß Saaleck, Neumühle.
Wolfsmünster: Schloß (16. Jh.).
Gemünden: Wasserschloß Bergsinn, Burg Rieneck, Ruine Scherenburg Altstadt, Stadtmauer, Kloster Schönau.

Karten, Literatur
Generalkarte 1:200000 Blatt 13; Deutsche Idealkarte 1:100000 Blatt 19;
Kanuwanderführer für Bayern; Deutsches Flußwanderbuch; Kanu-Sport 1978/S. 135.

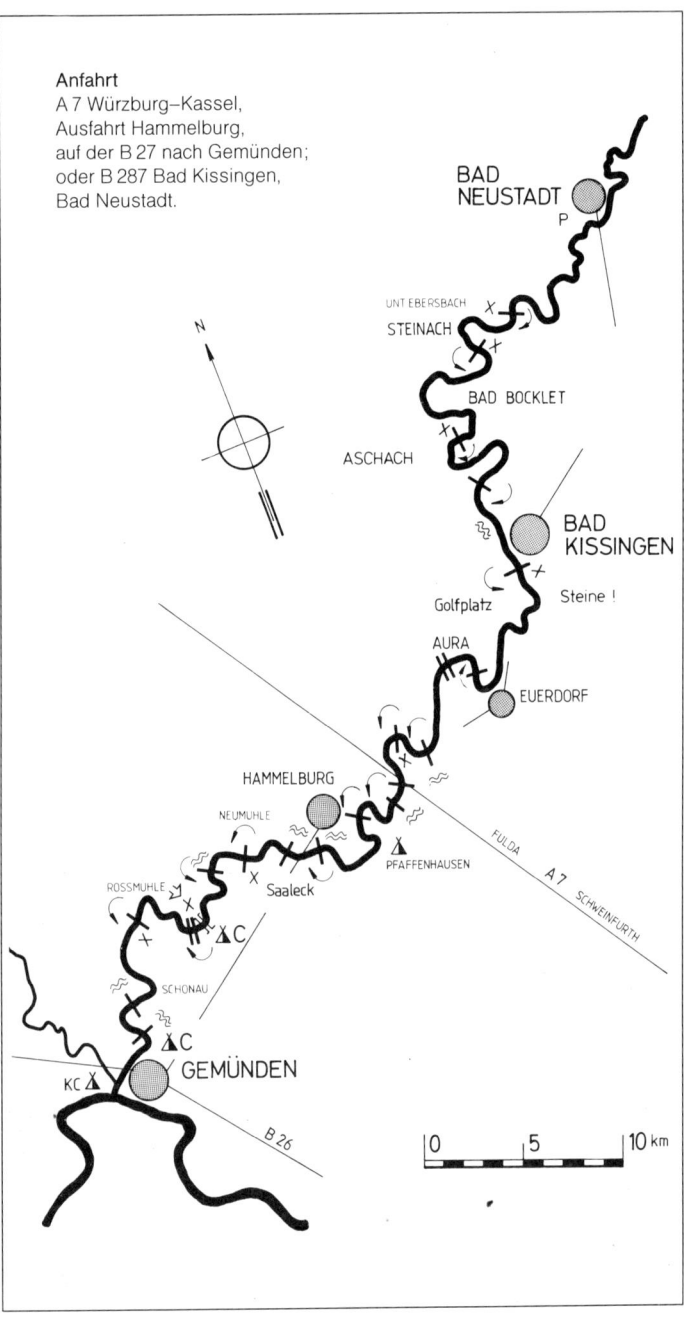

Anfahrt
A 7 Würzburg–Kassel,
Ausfahrt Hammelburg,
auf der B 27 nach Gemünden;
oder B 287 Bad Kissingen,
Bad Neustadt.

N

BAD
NEUSTADT
P

UNT EBERSBACH
STEINACH

BAD BOCKLET

ASCHACH

BAD
KISSINGEN

Golfplatz
Steine !

AURA

EUERDORF

HAMMELBURG

FULDA
A 7 SCHWEINFURTH

NEUMUHLE

PFAFFENHAUSEN

ROSSMUHLE
Saaleck
ΔC

SCHONAU
ΔC

KC Δ GEMÜNDEN

B 26

0   5   10 km

bewaldete Berghänge wechseln mit flachen Wiesen, alte Steinbrükken und Klosterruinen zeugen von bewegter Vergangenheit. Hoch über dem Flußtal ragt auf einer Muschelkalkzunge Burg Trimburg empor. Ein weiter Blick von ihrer Terrasse ins Saaletal und auf die gegenüberliegenden Berggipfel der Rhön lohnt unseren Besuch reichlich. Mehrere, für Einer fahrbare Wehre gestalten die Wanderfahrt etwas sportlicher. In Pfaffenhausen übernachten wir in Zelten am Sportplatz und besuchen abends das nette altfränkische Städtchen Hammelburg. Nicht weit von hier blickt von oben auf die Saale Schloß Saaleck, das durch seinen Wein bekannt ist. Wieder treten die Berge näher an den Fluß, und die Laubwälder der steilen Sandstein- und Muschelkalk-hänge reichen bis zu den saftigen Wiesen des Talbodens. Unter dem Sodenberg, versteckt im Tal, liegt die Roßmühle mit ihrem gutbesetzten Campingplatz. Eine Pontonbrücke und ein zweistufiges Wehr unterbrechen unsere Fahrt. Links tragen wir die Kanus um und verschwinden, den Lärm der vielen Badegäste hinter uns lassend, im einsamen Tal. Zischend tauchen die Paddel in das ruhige Wasser, und leise gleiten unsere Boote an winzigen, idyllischen Orten vorbei. Die letzten Wehre bewältigen wir auch mit dem wendigen Zweier-Canadier, und bald begleiten uns linksufrig die farbigen Zelte des öffentlichen Campingplatzes in Gemünden. Eine günstige Übernachtungsmöglichkeit bietet der in der Mündung liegende, saubere Zeltplatz des hiesigen Kanu-Clubs.

Die Sandsteinbrücke über die Fränkische Saale führt nach Gemünden.

26 Main

Kulmbach – Bamberg

Stromgebiet Main

87 km
4–5-Tage-Fahrt

Wenn eine Kulturlandschaft einen deutschen Fluß geprägt hat, dann ist es in erster Linie der Main. Dieser Wandervorschlag bezieht sich zwar nur auf den relativ kurzen, noch nicht schiffbaren Oberlauf von Kulmbach bis Bamberg, doch säumen schon hier die schönsten Blüten des Barock seine Ufer. Kleine, verträumte Orte, Schlösser, Kloster und Kirchen leuchten wie zu Dürers Zeiten aus dem saftigen Grün der Wiesen und Laubwälder.

Landschaftlich wird dieser große Mainbogen durch die nördlichen Ausläufer des Fränkischen Jura bestimmt. Wie mächtige Bastionen fallen die schroffen Felswände in das Tal herab. Südlich von Lichtenfels, wo der Main den letzten Jurariegel durchbricht, können wir vom vielbesungenen Staffelberg das großartige Panorama dieser Landschaft bewundern.
Unsere Kanufahrt beginnt am Weißen Main. Unter dem Burghaiger

Charakter
Leicht zu fahrendes, teilweise flott strömendes Zahmwasser. Ganzjährig befahrbar mit allen Bootstypen; auch für Anfänger gut geeignet. Wasser leidlich sauber, alle Wehre leicht umzutragen. Floßgasse in Michelau vor Befahrung anschauen, rechtzeitig rechts anlegen! Hier Vorsicht: keine Beschilderung! PKW-Begleitung auf der ganzen Streckenlänge möglich; auch Bundesbahn in Betrieb. Schöne Bade- und Zeltplätze an den vielen Baggerseen. Landschaftlich sehr ansprechend. Gute und sehr preiswerte Wirtshäuser entlang des Flusses. Idealwasserstand Pegel Brücke Mainleus 1,70 m.

Zeltmöglichkeiten
Kulmbach, Lichtenfels, Baunach – Hahnleite.

Sehenswertes
Kulmbach: Plassenburg, Rathaus mit Rokokofassade, Zinnfiguren-Museum, Chorkirche, Bierbrauereien.
Mainleus: Schloß Steinhausen, Schloß Wernstein.

Burgkunstadt: Rathaus mit geschnitztem Fachwerk, Altstadt.
Hochstadt: Kirche.
Michelau: Korbwaren-Museum.
Lichtenfels: Altstadt, Burg, Kirche, Kloster Banz, Wallfahrtskirche Vierzehnheiligen.
Staffelstein: Rathaus, Geburtsort des Rechenmeisters Adam Riese, Staffelberg mit Kapelle.
Baunach: Rokokorathaus mit originalem Treppenhaus, Hölzerne Männer – Skulpturen.
Kemmern: Bierkeller, Grotte.
Hallstadt: Rathaus mit Pranger.
Bamberg: Eine der besterhaltenen mittelalterlichen Städte Deutschlands, Dom, Altes Rathaus, Neue Residenz, Michelsberg, Böttingerhaus, Klein Venedig an der Regnitz, Altenburg, Schlenkerle – Rauchbier (u. v. a.).

Karten, Literatur
Generalkarte 1:200 000 Blatt 14; Deutsche Idealkarte 1:100 000 Blatt 20; Kanuwanderführer für Bayern; Deutsches Flußwanderbuch; Kanusport 1974/S.427.

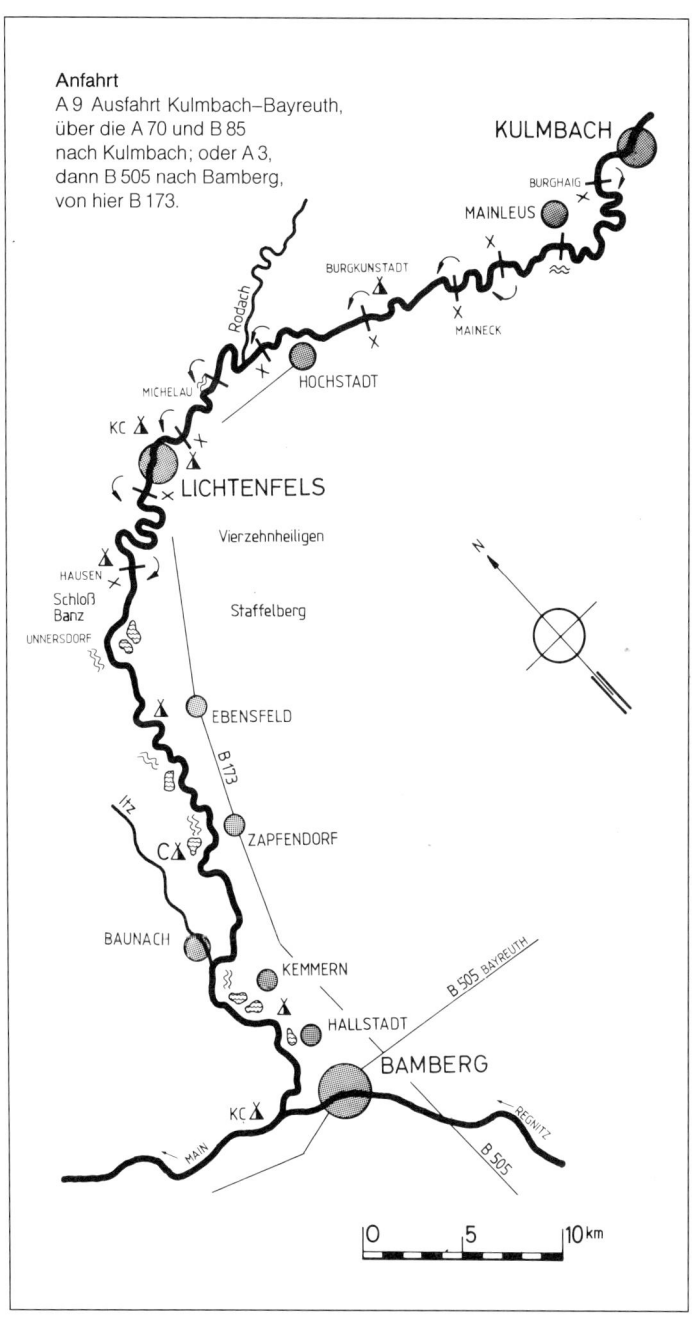

Anfahrt
A 9 Ausfahrt Kulmbach–Bayreuth,
über die A 70 und B 85
nach Kulmbach; oder A 3,
dann B 505 nach Bamberg,
von hier B 173.

KULMBACH

BURGHAIG

MAINLEUS

BURGKUNSTADT

MAINECK

Rodach

HOCHSTADT

MICHELAU

KC

LICHTENFELS

Vierzehnheiligen

HAUSEN

Schloß
Banz

UNNERSDORF

Staffelberg

EBENSFELD

B 173

Itz

C

ZAPFENDORF

BAUNACH

KEMMERN

B 505 BAYREUTH

HALLSTADT

BAMBERG

KC

REGNITZ

MAIN

B 505

N

|0   .5 |10 km

Wehr, nur wenige Kilometer fluß-abwärts von Kulmbach, dessen einzigartiges Zinnfiguren-Museum wir vorher besucht haben sollten, setzen wir ein. Nach einer ruhigen, rhythmischen Fahrt durch viele Schleifen gesellt sich beim Schloß Steinhausen der aus Bayreuth kommende Rote Main zu uns. Hier bekommt der Main seinen Namen; bis zum kleinen Nest Mainleus ist er jedoch ein privater Fluß. Das hiesige verfallene Wehr fahren wir nach vorheriger Besichtigung durch; bis zur Rodachmündung warten auf uns vier unbefahrbare Wehre – doch alle leicht umtrag-bar. Sonst bereitet der gemächlich fließende Fluß keine wassertechni-schen Schwierigkeiten. Die neue, spritzige Floßgasse bei Michelau stimmt uns recht heiter, und bald treffen wir in der alten Korbma-cherstadt Lichtenfels ein. Der sau-bere Campingplatz am Mainufer

Am ruhigen Zeltplatz eines Kanu-vereins schlagen wir unser Lager auf.

ist ein idealer Ausgangspunkt für Wanderungen und Besichtigun-gen. Es empfiehlt sich, die Fahrt ei-nen Tag zu unterbrechen und die kulturellen Höhepunkte – Kloster Banz und die Wallfahrtskirche Vier-zehnheiligen – zu Fuß anzulaufen. Ein Rundblick vom Staffelberg, dem Aussichtsbalkon des Oberen Maintales, belohnt uns für die Auf-stiegsmühe. In trockenen Som-mern erwartet uns am nächsten Tag noch eine Flußwanderung im wahrsten Sinne des Wortes. Bevor wir die Boote dem Wasser anver-trauen, ist eine ca. 200 m lange Treidelstrecke fast unvermeidlich. Doch dann schlängelt sich der Fluß zwischen alten Kopfweiden in vielen Mäandern nach Hausen, zum letzten Wehr dieser Wander-fahrt, das wir rechts umgehen. Jetzt liegen vor uns fast 40 km oh-ne eine einzige Umtragestelle. Der Main strömt recht flott in harmlo-sen Schwällchen durch das breite Tal. Kleine Kiesbänke und mehrere Baggerseen mit Zeltplätzen laden zum Pausieren und Baden ein. Die Idylle wird bei Ebing für kurze Zeit durch unangenehme Gerüche der dort ansässigen Färbereien unter-brochen; doch nach ein paar Kilo-metern ist bei Baunach die Welt wieder in Ordnung. Hier münden Itz und Baunach, im Frühling zwei schöne, leicht fahrbare Wildbäche, in den Main. Nach der neuen Stra-ßenbrücke überrascht uns eine lange, spritzige Stromschnelle, der sich die schöne Waldstrecke ent-lang des Breitengüßbacher For-stes anschließt. Bei Hallstadt zeichnen sich am Horizont die vie-len Türme der auf sieben Hügeln erbauten alten Kaiserstadt Bam-berg ab. Kurz nach der Eisenbahn-brücke, deren Durchfahrt wir vor-her ansehen, landen unsere Ka-nus links an der Zeltwiese des Bamberger Faltboot-Clubs.

Weit sichtbar ist der spitze Kirchturm von Altenkunstadt am Main.

Kiesbänke begleiten uns oft am Oberen Main.

27 **Regnitz**

Fürth – Bamberg

Stromgebiet Main

55 km
2–3-Tage-Fahrt

Mit einer Quelle wie andere Flüsse kann sich die Regnitz nicht schmücken, denn erst bei Nürnberg, wo die Rednitz und die Pegnitz zusammentreffen, übernimmt die Regnitz von jedem der beiden Flüsse das Wasser und einen Teil des Namens. Das seichte Becken, das sie von hier über Forchheim nach Bamberg durchfließt, besteht aus einer nur wenige Meter starken Sandschicht, unter der wasserundurchlässiger Ton den Grundwasserspiegel recht hoch hält. Diese Tatsache sowie gute Bodenbearbeitung und intensive Bewässerung ermöglichen schon seit Jahrhunderten einen reichen Gemüseanbau. Ausgedehnte Spargel- und Zwiebelfelder, die diesem Landstrich den Namen »Knoblauchland« gaben, ziehen sich zusammen mit Auwaldresten entlang des langsam fließenden Flusses.

Von der nahen Autobahn und den größeren Städten schirmen ihn die dichten Uferbestände von Ulmen und Weiden ab. So wird eine Regnitzfahrt zu einer beschaulichen

Charakter

Langsam fließendes Zahmwasser, dessen Uferbewachsung und liebliche Landschaft an die Loire in Frankreich erinnern. Der Flußlauf wird durch sehr viele, niedrige Bretterwehre mit Pfählen unterbrochen. Auch für Wanderboote immer wieder Durchfahrtmöglichkeiten. Für alle Bootstypen, auch Faltboote, geeignet. Einsetzen in Fürth unterhalb der Straßenbrücke der B 8 oder – für eine Sonntagsfahrt – nach Hausen am Naturfreundehaus in Erlangen (Wöhrmühle). Zwei schwierige Umtragestellen an der Baiersdorfer Mühle und in Wellerstadt. Obwohl durch den neuen Europa-Kanal ein Torso geworden, lohnt sich eine Befahrung der Regnitz bis nach Bamberg. Beendigung der Fahrt am besten beim großen Campingplatz in Bamberg-Bug.

Zeltmöglichkeiten

Camping Wöhrmühle in Erlangen, Camping in Bamberg-Bug, Nürnberg beim Stadion.

Sehenswertes

Nürnberg: Burg, Kaisersaal, Brunnen, Albrecht-Dürer-Haus, Sebalduskirche, Stadtkirche, Frauenkirche, Schöner Brunnen, Rathaus, Germanisches Museum (u. v. a.). *Erlangen:* Kirche, Schloß mit Orangerie, Markgrafentheater. *Forchheim:* Wasserburg Pfalz mit Museum, Fachwerkhäuser mit Rathaus, Kirchplatz, Stadttore, Mühlgraben, St. Anna-Fest im Juni. *Bamberg:* Dom mit Bamberger Reiter, Rathaus, Neue Residenz, Michelsberg, Klein-Venedig an der Regnitz, Böttingerhaus, Rauchbier (u. v. a.).

Karten, Literatur

Generalkarte 1:200 000 Blatt 17; Deutsche Idealkarte 1:100 000 Blatt 25, 20; Kanuwanderführer für Bayern; Deutsches Flußwanderbuch.

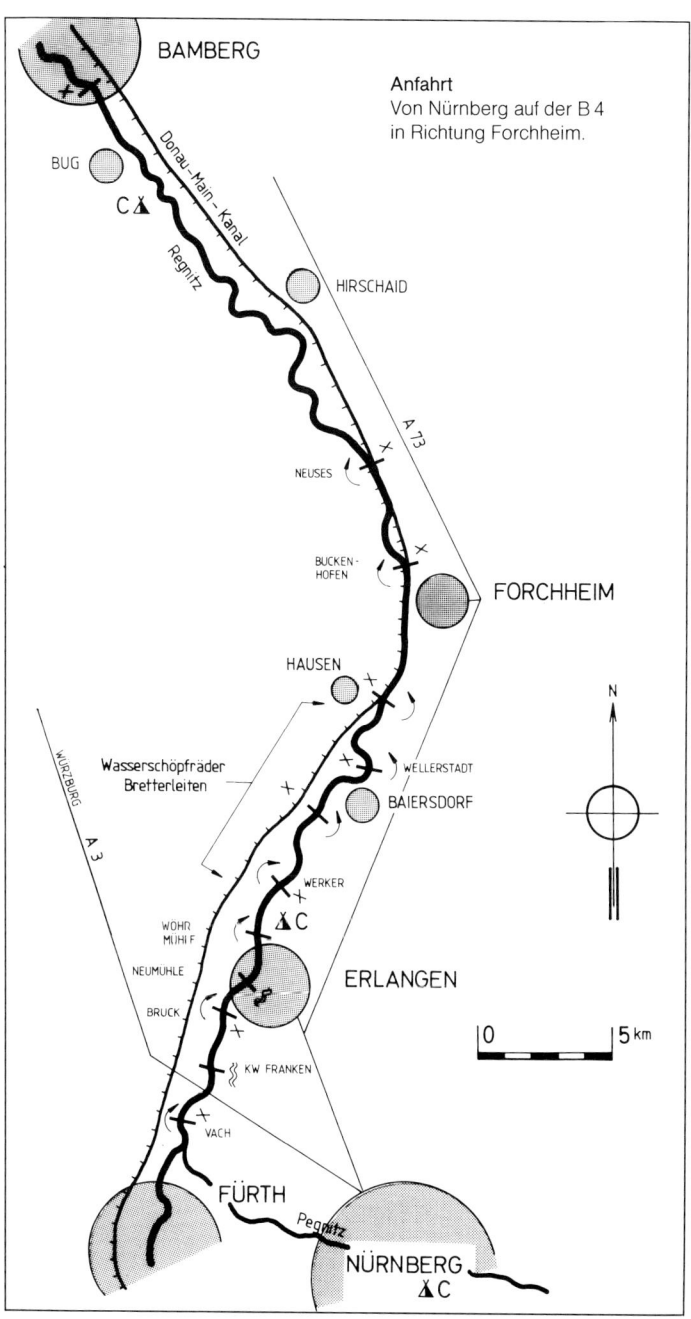

BAMBERG

Anfahrt
Von Nürnberg auf der B 4
in Richtung Forchheim.

BUG

C

Donau – Main – Kanal

Regnitz

HIRSCHAID

A 73

NEUSES

BUCKEN-
HOFEN

FORCHHEIM

HAUSEN

Wasserschöpfräder
Bretterleiten

WELLERSTADT

BAIERSDORF

N

WÜRZBURG

A 3

WERKER

WOHR
MÜHLE

NEUMÜHLE

BRUCK

C

ERLANGEN

KW FRANKEN

0   5 km

VACH

FÜRTH

Regnitz

NÜRNBERG

C

129

Mehrere alte Wasserschöpfräder bestimmen die Flußlandschaft an der Regnitz.

Flußbummelei, über niedrige Bretterleiten der alten Wasserschöpfräder, die teilweise sorgfältig restauriert sind und auf langen Strecken der Regnitz eine ganz besondere Note geben. Nicht einmal der Donau-Main-Kanal, der unweit des Flusses parallel verläuft, kann diese Idylle stören. Doch bei Hausen, im mittleren Abschnitt der Regnitz, benutzt man das alte Flußbett als Kanal. Wer nach Bamberg weiterpaddeln will, muß 8 km des neuen Kanals befahren oder die Strecke mit dem Auto umgehen. Bei gutem Wasserstand setzt man bei Neuses wieder in die alte Regnitz ein. Nun trägt das Wasser die Kanus seicht über den Sandbänken nach Bamberg, dem Mittelpunkt des Karolinischen Kaiserreiches.

28 **Wiesent**   Plankenfels – Ebermannstadt

Stromgebiet Main   33 km
1–2-Tage-Fahrt

Im Norden der Fränkischen Schweiz einer Felsspalte entspringend, fließt die Wiesent in einem tiefeingeschnittenen, gewundenen Tal mitten durch das geologische und bei Gößweinstein auch durch das kulturelle Herz dieser großartigen und vielbesuchten Landschaft. Wie eine Hauptschlagader sammelt sie auf ihrem Weg alle anderen Flüßchen und Bäche, um sie bei Forchheim der Regnitz zuzuführen. Über dem liebenswerten, romantischen Juratal thronen an manchen Felsvorsprüngen alte Burgen. Das kristallklare Wasser diente einst vielen Mühlen als Antriebskraft. Die Naturschönheiten dieser Landschaft haben sich schon lange herumgesprochen, und deshalb ist das Tal in der Ferienzeit hoffnungslos überfüllt. Eine stinkende Autoschlange bewegt sich auf der Talstraße in beiden Richtungen, und selbst am Fluß reißt die Kette der Kajakfahrer an manchen Sonntagen kaum ab. Aber im Frühling, an Wochentagen oder im Herbst erlebt man den silbrigen Fluß noch als einsamer Wanderer.

Bei gutem Wasserstand bietet die Wiesent bis Ebermannstadt auf 33 km Länge eine sportliche Wanderfahrt mit vielen kleinen Überraschungen. Fahrbare Stufen wech-

An manchen Sonntagen reißt der Strom der Kajakfahrer kaum ab.

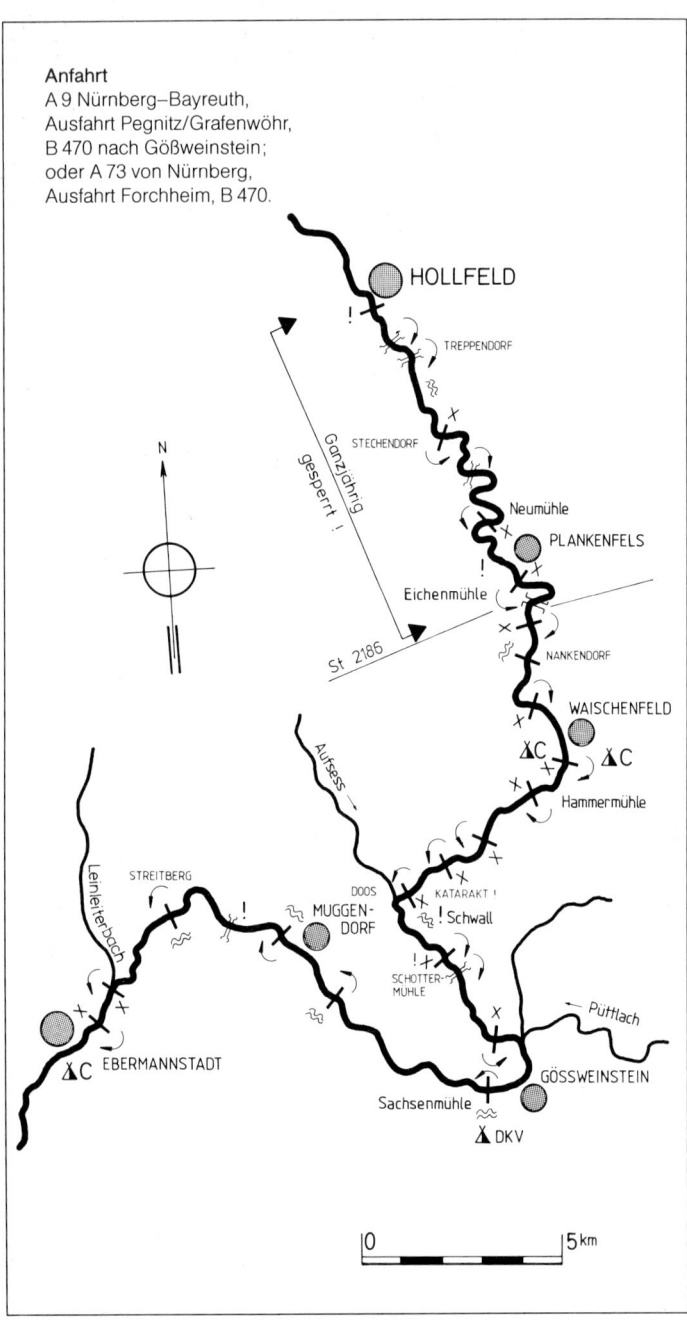

Anfahrt
A 9 Nürnberg–Bayreuth,
Ausfahrt Pegnitz/Grafenwöhr,
B 470 nach Gößweinstein;
oder A 73 von Nürnberg,
Ausfahrt Forchheim, B 470.

N

HOLLFELD

TREPPENDORF

STECHENDORF

Ganzjährig gesperrt !

St 2186

Neumühle

PLANKENFELS

Eichenmühle

NANKENDORF

WAISCHENFELD

⚑C   ⚑C

Aufsess

Hammermühle

STREITBERG

DOOS

KATARAKT !

MUGGEN-
DORF

! Schwall

SCHOTTER-
MÜHLE

Leinleiterbach

Püttlach

⚑C EBERMANNSTADT

GÖSSWEINSTEIN

Sachsenmühle

⚑ DKV

|0 |5 km

Wenn es nicht drunter geht, dann geht es halt drüber – viele niedrige Stege überspannen die flotte Wiesent.

seln mit sandigen Untiefen, auf ruhige, verträumte Passagen folgen spritzige Schwälle, und manches Wehr oder niedriger Steg würzt mit einer Umtragestelle den Wasserwandergenuß. Als Tages-

Charakter
Sehr sportlicher Wanderfluß, mit etwas erfahrener Besatzung ab Waischenfeld auch in wendigen Kunststoff-Zweiern ganzjährig befahrbar. Trotz der vielen Wehre als Kleinod der deutschen Kajakflüsse einzuschätzen. Eine längere Umtragestelle entstand an neuer Wehranlage der Schottermühle, die nicht mehr wie früher befahrbar ist. PKW-Begleitung durchgehend möglich Aus Naturschutzgründen wurde die Flußstrecke oberhalb der Brücke B 22 – St. 2186 bei Plankenfels ganzjährig für Kanufahrer gesperrt. Erlaubt ist die Wiesentbefahrung bis zur Mündung Leinleiterbach ab 15.3.–31.8. zwischen 8 und 17 Uhr, flußabwärts unbegrenzt.

Zeltmöglichkeiten
Im Wiesenttal als Naturschutzgebiet ist Zelten nur auf ausgewiesenen Plätzen erlaubt. Camping Waischenfeld, Stempfermühle, Ebermannstadt, Sachsenmühle; mehrere Plätze in den Seitentälern verfügen über eine große Kapazität.

Sehenswertes
Ebermannstadt: Marienkapelle, Schloß, Wasserschöpfräder.
Muggendorf: Streitberg – Burgruine, Binghöhle, Pilgerstube.
Gößweinstein: Wallfahrtsbasilika, Burg.
Püttlachtal: Pottenstein, Tüchersfeld, Teufelshöhle.
Waischenfeld: Steinerner Beutel, Burg Rabeneck, gotische Pfarrkirche mit Beinhaus.
Hollfeld: Historischer Stadtkern.

Karten, Literatur
Generalkarte 1 : 200 000 Blatt 17; Deutsche Idealkarte 1 : 100 000 Blatt 26, 21; Kanuwanderführer für Bayern; Deutsches Flußwanderbuch; Kanusport 1972, 1984/11, 1986/4.

Auch so ruhig kann es auf der Wiesent sein.

fahrt wird überwiegend die Strecke von Doos nach Muggendorf gewählt. Am Ziel kann man nach einem 2 bis 3 km langen Fußmarsch über den Bergrücken das in Doos abgestellte Auto wieder holen. Bei einer Weiterfahrt wartet unterhalb von Muggendorf die frühere Slalomstrecke mit spritzigen Einlagen. Vor Ebermannstadt an der Leinleiterbachmündung, wo sich das Wiesenttal öffnet und die Fränkische Schweiz allmählich in die Nürnberger Ebene übergeht, beenden wir unsere Wanderfahrt. Ab hier ist die Wiesent durch Industrieanlagen genutzt und weiter restlos verbaut.

Hier ist es noch relativ ruhig. Der große Touristenrummel wie im Wiesenttal hat noch nicht stattgefunden; vielleicht, weil das Pegnitztal etwas abseits, am Rande der Fränkischen Schweiz liegt. Nur Bergsteigern und Naturfreunden ist der Name Hersbrucker Schweiz ein Begriff. Wahrscheinlich ist dies auch der Grund, warum wir auf dem dunklen Wasser der Pegnitz nur wenigen Kajakfahrern begegnen. So ist es ein Genuß, einsam auf eigenem Kiel durch das stille, manchmal sehr enge grüne Tal zu gleiten. Nur wenige kleine, an den Felsen klebende Orte säumen die Flußufer, und im Sommer überziehen blühende Wasserpflanzenteppiche weite Abschnitte des Gewässers.

Die Wildwasserfahrer setzen ihre Einer bereits bei Michelfeld ein. Es folgt eine sehr windungsreiche, mit vielen Baumhindernissen gespickte Strecke. Die Wanderer schieben ihre Faltboot-Zweier und Canadier erst in Neuhaus ins Wasser. Hier, unter dem wuchtigen Wehrturm der 1000 Jahre alten Burg Veldenstein, beginnt eine wunderschöne Wanderstrecke, die uns, vorbei am winzigen Städtchen Velden, durch das von Felsen eingeengte Tal führt. In Lungsdorf, einem für diese Gegend typi-

Am Zeltlager der Kanufahrer im engen Pegnitztal.

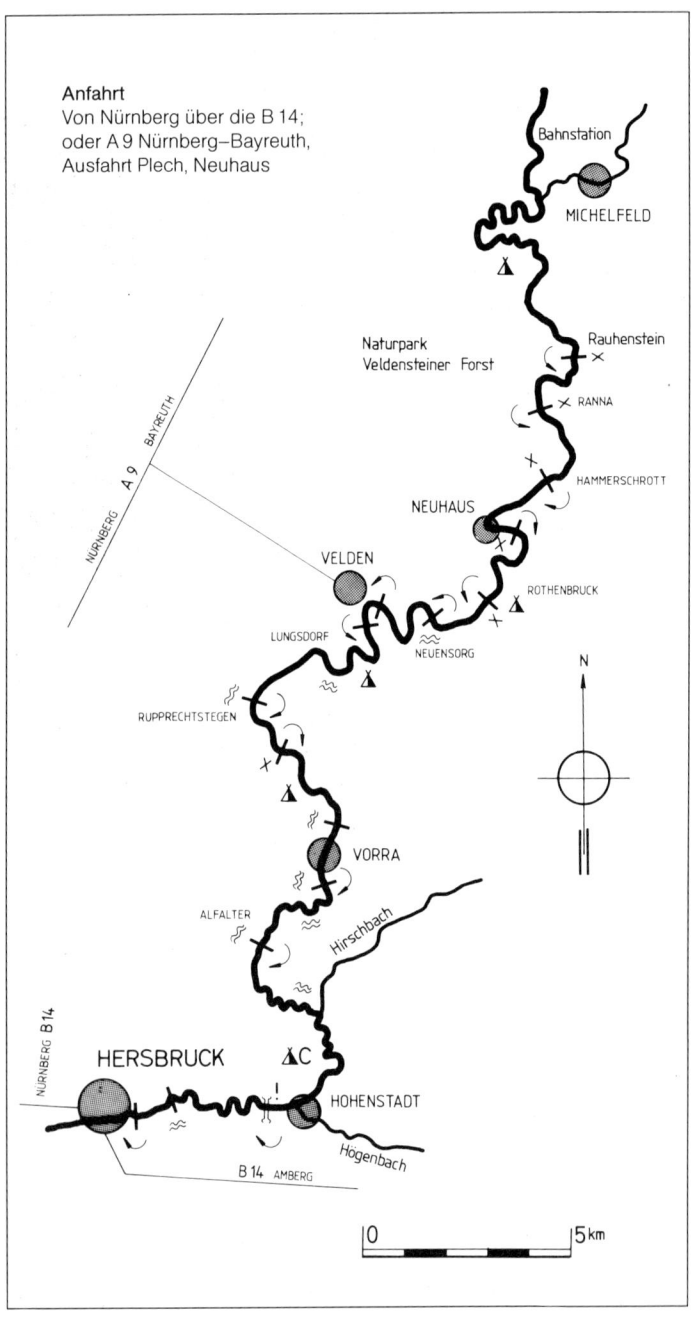

Anfahrt
Von Nürnberg über die B 14;
oder A 9 Nürnberg–Bayreuth,
Ausfahrt Plech, Neuhaus

Bahnstation

MICHELFELD

Naturpark
Veldensteiner Forst

Rauhenstein

RANNA

HAMMERSCHROTT

NEUHAUS

VELDEN

ROTHENBRUCK

LUNGSDORF

NEUENSORG

N

RUPPRECHTSTEGEN

VORRA

ALFALTER

Hirschbach

NÜRNBERG A 9 BAYREUTH

NÜRNBERG B 14

HERSBRUCK

C

HOHENSTADT

Högenbach

B 14 AMBERG

0   5 km

Verborgene Ortschaften wie hier Lungsdorf säumen das kleine Flüßchen.

Charakter

Ab Neuhaus im schmalen Juratal eingeengt, ruhig fließendes Kleinflüßchen, im südlichen Abschnitt flottere, sportliche Strecke. Sehr sauberes Wasser. Die niedrigen Wehre sind mit Einern überwiegend befahrbar, sonst leicht umzutragen. Geeignet für Kanuwanderer mit Erfahrung. PKW-Begleitung möglich.
Einsetzen in Neuhaus am Parkplatz der Sparkasse.

Zeltmöglichkeiten

Camping Neuhaus, Zeltplatz Rothenbruck, Lungsdorf (im Gasthaus melden), Artelshofen, großer Campingplatz in Hohenstadt; preiswerte Gasthäuser.

Sehenswertes

Neuhaus: Burg Veldenstein, Maximiliansgrotte.
Velden: Pflegschloß, Pfarrkirche.
Artelshofen: Wasserschloß.
Vorra: Marienkirche.
Hohenstadt: Altar der Wenzeslaus-Kirche, Klettergärten.
Hersbruck: Stadtringmauer mit Türmen, alte Bürgerhäuser, Hirtenmuseum.

Karten, Literatur

Generalkarte 1:200000 Blatt 17;
Deutsche Idealkarte 1:100000 Blatt 26;
Kanuwanderführer für Bayern.

Auch im Zweier-Kajak können wir die Pegnitz ohne Schwierigkeiten herunterpaddeln.

schen fränkischen Dörfchen, finden wir einen netten Zeltplatz. Sein Betreiber, ein paddlerfreundlicher Wirt, hat sogar einen Anlegesteg für Kajakfahrer angebracht. Es lohnt sich, dort die Fahrt zu unterbrechen und gemütlich einzukehren. Bei der Weiterfahrt sorgen mehrere harmlose Schwälle für angenehme Abwechslung. Wir paddeln unter schönen Holzstegen durch; direkt aus dem Wasser steigt der »Rote Fels«. Ab Vorra wird das Tal allmählich breiter, und an den Ufern bleibt Platz für Wiesen und Felder mit Hopfenpflanzungen. Aus den fernen Waldkuppen leuchten schlanke Felsnadeln: die Klettergärten der fränkischen Bergsteiger. Die Pegnitz hat jetzt genug Raum zum Mäandern.

Viele Windungen und schnelle Strömung sowie überhängende Büsche verlangen vom Kanufahrer eine gute Bootsbeherrschung. Ein langgezogener Campingplatz signalisiert die Nähe von Hohenstadt. In Eschenbach mündet rechts der muntere Hirschbach, der im Mittelalter mehrere Eisenhämmer antrieb. Vor der Hohenstädter Straßenbrücke winkt vom flachen Ufer ein guter Anlandeplatz.
Bei einer Weiterfahrt bewältigen wir noch ein Hindernis, das uns in der Gestalt eines niedrigen Rohrstegs den Weg versperrt. Und nach einer kurzen Dschungelfahrt kommen wir dann zur großen Kunstmühle in Hersbruck, wo wir die Fahrt beenden.

30 **Sächsische Saale**

Schwarzenbach –
Mündung Selbitz

Stromgebiet Elbe

47 km
2–3-Tage-Fahrt

Von ihrer Quelle im Waldsteingebirge fließt die Saale mitten durch das Hofer Vogtland und sammelt alle Gewässer zwischen dem Frankenwald und Fichtelgebirge ein. In Schwarzenbach, der ersten Stadt auf ihrem Weg durch Bayern, ist sie schon ein ausgewachsenes Wanderflüßchen, welches, umsäumt von Erlen und Weiden, seicht eingeschnitten hin und her pendelnd, seinen Weg nach Norden sucht. Einige kleine Wehre, die den Wasserspiegel zur Ruhe bringen, bereiten dem Wanderfahrer keine Schwierigkeiten.

In einer Tagesetappe fahren wir bis zur Textilstadt Hof, die von den Frankenkaisern als Hofburg gegründet wurde. Am Schwimmvereinsheim können wir zelten und abends durch die guterhaltene, langgezogene Altstadt spazieren. Unterhalb Hof sägt sich die Saale in das harte Gneis- und Serpentingestein immer tiefer ein. Das Flußtal wird enger und ursprünglicher, dunkle Fels- und Waldhänge be-

Charakter

Bei gutem Wasserstand (Pegel 180 cm in Hof) können Geübte mit Einerbooten schon in Schwarzenbach nach der Brücke, Wanderer mit weniger Erfahrung besser in Hof am Sportplatz einsetzen. Es folgt eine der landschaftlich schönsten bayerischen Flußwanderstrecken, geeignet für alle Bootstypen. Bei niedrigerem Wasserstand sind wegen Felsen im Flußbett Kunststoffboote zu empfehlen. Alle Wehre gut zu überwinden, teilweise befahrbar. An der Lamitzmühle Boote vorsichtig über die Krone heben oder rechts umtragen. Für die Grenzbefahrung Personalausweis mitnehmen, größere Gruppen beim Bundesgrenzschutz anmelden, Boote in der linken Flußhälfte halten! Wasser bis Hirschberg sauber bis mäßig sauber, nachher ziemlich verunreinigt. Durchgehende PKW-Begleitung nicht möglich, nur Kontaktpunkte an Brücken. Auch wenn die Sächsische Saale für viele Kanufahrer etwas abseits liegt, lohne sich wegen der landschaftlichen Schönheiten eine Befahrung. Für die Flußstrecke ab km 29,5 unterhalb Hof zeitweise Befahrungsverbot vom 15.2.–30.6.

Zeltmöglichkeiten

Camping Joditz (Auensee), Lichtenberg, Hof.

Sehenswertes

Schwarzenbach: Förmilztalsperre.
Hof: Talsperre, gotisches Rathaus, Michelskirche, Lorenzkirche, Altstadt, Museumsbahn, Radarstation.
Joditz: Jean-Paul-Dichterstube, in der Nähe Burgruine Saalenstein.
Bad Steben: Alexander-v.-Humboldt-Haus, Wehrkirche.
Lichtenberg: Miniaturstadt.
Selbitz: Höllental.

Karten, Literatur

Generalkarte 1 : 200 000 Blatt 14;
Deutsche Idealkarte 1 : 100 000 Blatt 21;
Kanuwanderführer für Bayern.

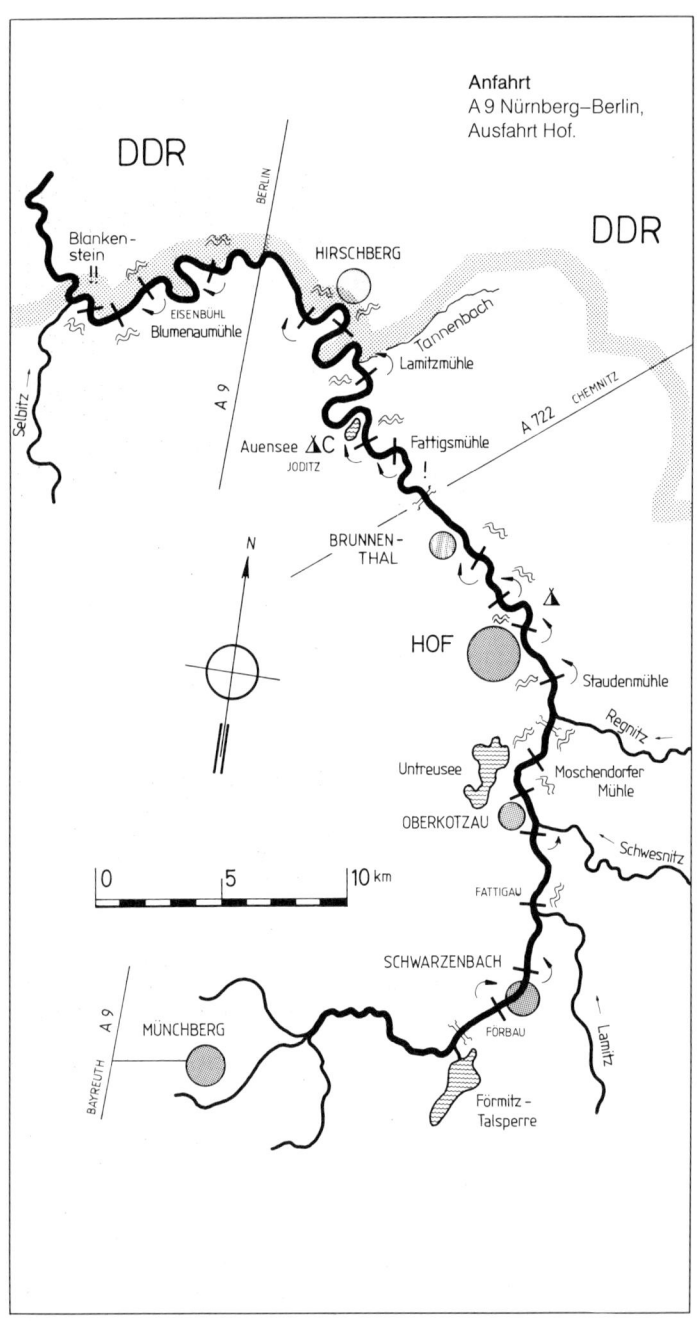

Anfahrt
A 9 Nürnberg–Berlin,
Ausfahrt Hof.

DDR

DDR

Blanken-
stein

HIRSCHBERG

EISENBÜHL
Blumenaumühle

Tannenbach

Lamitzmühle

Selbitz

BERLIN

A 9

A 722 CHEMNITZ

Auensee △C
JODITZ

Fattigsmühle

N

BRUNNEN-
THAL

HOF

Staudenmühle

Regnitz

Untreusee

Moschendorfer
Mühle

OBERKOTZAU

Schwesnitz

FATTIGAU

0   5   10 km

SCHWARZENBACH

MÜNCHBERG

FÖRBAU

Lamitz

BAYREUTH   A 9

Förmitz-
Talsperre

140

In Schwarzenbach, unterhalb der schiefergedeckten Kirche, beginnt unsere Kanufahrt.

In Blankenstein verschwindet die Sächsische Saale hinter einem Grenzzaun in der DDR.

grenzen die Ufer, und große Steinblöcke versperren unterhalb der Chemnitzer Autobahnbrücke die Fahrrinne, die sich bis auf 3 m verengt. Bei Joditz bildet die Saale eine weite Schleife, inmitten derer ein schöner Badesee mit Campingplatz liegt. Die landschaftlichen Schönheiten nehmen zu, und auch sportlich ist der Fluß ein Leckerbissen. Kleine, spritzige Schwälle und zügige Strömung gestalten eine genüßliche Fahrt. Das Wehr an der Lamitzmühle vor einer steilen Felswand signalisiert die Nähe der DDR-Grenze. Die Boote rutschen über die niedrige Wehrkrone. Kurz danach unterqueren wir den neuen Holzsteg; auf der rechten Seite mündet der

Tannebach. Ab hier verläuft die Bundesgrenze in der Flußmitte; die Saale wird zum deutsch-deutschen Fluß und die Kanufahrt zu einer Wanderung zwischen zwei Welten: rechts die gold-rotschwarzen Grenzpfähle mit dem DDR-Wappen, links die weiß-blauen Pfähle des Freistaates Bayern; rechts am Fluß entlang die hohe, verrostete Drahtzaun, in den Ortschaften durch eine graue Betonmauer ergänzt, links die freie Landschaft, bis zum Flußufer von Bauern genutzt. Beim Vorbeipaddeln an den Beobachtungstürmen spüren wir die neugierigen Blicke der DDR Grenzposten, die uns mit ihren Ferngläsern aufmerksam anvisieren. Doch das Tal bleibt genauso schön wie vorher, teilweise ist es noch enger und wird zu einer Waldschlucht. Nach jeder Biegung überrascht der Fluß mit neuen Bildern. Rechts, hoch oben am Fels, erhebt sich Schloß Wenzelshöhe, und bald ziehen wir an der DDR-Kleinstadt Hirschberg vorbei. Ab hier wird die Saale von der Leder-

Eine stille Waldlandschaft bietet das Saaletal – hier vor der Lamitzmühle.

bearbeitungsindustrie stark belastet; Wasserverschmutzung und Geruchsbelästigung sind erheblich. Nach drei befahrbaren Wehren, einer Umtragestelle und einem spritzigen Schwall erreichen wir nach 18 km Grenzfahrt die Selbitz-Mündung. Gegenüber sehen wir den hohen Schornstein des DDR-Hüttenkombinates, dessen giftige Rauchwolken auch hier das Waldsterben beschleunigen. Die Saale verschwindet hinter Gittern im anderen Deutschland, und wir sind um eine erlebnisreiche Kanufahrt reicher.

Weiterführende Literatur

BAHL: Die Donau von der Quelle bis zur Mündung · Verlag Stähle & Friedel

DUMLER: Rundwanderungen im Altmühltal · Verlag Kümerly & Frey

FLEISCHMANN: Das Franken-Wanderbuch · BLV 1978

FLEISCHMANN: Wanderbuch Bayerischer Wald, Oberpfälzer Wald · BLV 1980

GERNDT: Unsere Bayerische Landschaft · Prestel Verlag 1976

HEUSCHELE: Oberschwaben · Verlag Weidlich 1975

HAASE/RICHARDI: Burgen, Schlösser und Klöster in Bayern · Ringier Verlag 1978

HÖHNE: Unterwegs zu Seen und Flüssen in Bayern · Verlag Kümmerly & Frey 1981

MAIER/LESSING: Die Donau · Ringier Verlag

MÜLLER/ALFELD: Der Bodensee · Stapp Verlag 1968

PFISTERMEISTER: Oberpfalz · Verlag Pustet 1979

PFISTERMEISTER/SKASA: Ins Land der Franken fahren · Süddeutscher Verlag 1977

PFISTERMEISTER: Fränkische Schweiz · Carl Verlag

ROMBACH/BLÜMKE: Im Herzen Württembergs · Theiss Verlag

ROHDE: Naturwunder Bayern · Ringier Verlag

SCHLAUCH: Hohenlohe – Franken · Glock & Lutz Verlag

SCHULER/HENK: Bezauberndes Taubertal · Verlag Braunsdruck 1972

MERIAN: Schwäbisch Hall, Mainfranken, Fränkische Schweiz, Rothenburg und das Taubertal

HB BILDATLAS: Romantische Straße, Bayerischer Wald, Fränkische Schweiz

Kanuliteratur

DEPPE, GERLACH: Kanu-Wandern, Wildwasser, Wettkampf. Stalling Verlag 1981

ENGEL: Kanu, Kajak, Faltboot · Busse Verlag

MASON/GATZ/ENGEL: Die Kunst des Kanufahrens – der Canadier. Verlag Busse Seewald 1987

OBSTOJ/KNAPP/SUCHOTZKI: Kajak und Kanadier · Rowohlt 1974

RITTLINGER: Die neue Schule des Kanusports · Brockhaus 1977

VON STRITZKY-PREE: Wandern zu zweit mit Boot und Zelt. Verlag Otto von Stritzky 1986

Schriften des Deutschen Kanu-Verbandes e.V.: Kanu–Sport Amtliches Organ des DKV

Adressen:

Deutscher Kanu-Verband e.V.
Bertaallee 8, 4100 Duisburg 1

Karten und Wanderführer

Generalkarte 1:200000, Mairs Geographischer Verlag

Deutsche Idealkarte 1:100000, Haupka & Co Verlag

KOMPASS-Wanderkarten 1:50000, Verlag Geografa

Wassersport-Wanderkarte Deutschland 1:1000000, RV Verlag

Topographische Karte des Landesvermessungsamts Baden-Württemberg 1:50000, Stuttgart

Topographische Karte des Bayerischen Landesvermessungsamts 1:50000, München

Kanuwanderführer für Bayern, Bayerischer Kanuverband 1981

Deutsches Flußwanderbuch, Deutscher Kanu-Verband 1985

Kanuführer für Südwestdeutschland, Deutscher Kanu-Verband 1988

Kanuführer Württemberg, DKV-Verlags GmbH. 1985

Wassersport – Wanderkarte für Kanu- u. Rudersport 1:550000, Teil 3, 4 Uelzen, Büro für Kartographie-Jübermann

Weitere BLV Bücher – für Sie ausgewählt!

Heinrich Nejedly

Spezialführer Kanuwandern in Nord-/Westdeutschland

40 Kanuwanderungen nördlich von Main und Mosel mit ausführlicher Beschreibung auf neuestem Stand, vielen Fotos und Flußverlaufsskizzen.
1988, 208 Seiten, 28 Farbfotos, 65 s/w-Fotos, 40 Tourenskizzen, 1 Übersichtskarte

BLV Kombi-Wildwasserbuch
Robert Steidle

Wildwassertouren in den Alpen

Erlebnisreiche Fahrten auf 50 Flüssen im Alpenraum mit Tourenbeschreibungen und Kartenskizzen im Kurzführer.
159 Seiten und 80 Seiten Kurzführer.
102 Farbfotos. 50 Tourenskizzen, 1 Übersichtskarte

blv sport
Robert Steidle

Wildwasserfahren

Ausrüstung, Strömungsformen, Bergung, Techniktraining, WW-Manöver, Taktik, Wettkampf.
2. Auflage, 143 Seiten, 32 Fotos.
30 Bildserien, 40 Zeichnungen

blv sportpraxis 245
Holger Machatschek

richtig wildwasserfahren

Ausrüstung, Gewässerkunde, Schwierigkeitsgrade, Kajaktechnik, Flußfahrt, Training, Sicherheit, Recht, Naturschutz.
127 Seiten, 39 Farbfotos, 32 s/w-Fotos, 12 Bildserien, 70 Zeichnungen

blv sportpraxis 223
Josef Giehrl

richtig schwimmen

Grundlagenwissen und -können, Technik, Praxis, Training, Spielen im Wasser, Verhaltensregeln beim Baden und Schwimmen.
3. Auflage, 127 Seiten, 82 Farbfotos, 43 s/w-Fotos, 160 farbige Zeichnungen

blv sportpraxis 238
Adolf Roy

richtig fitnessgymnastik

15 Fitnessprogramme für jedes Alter mit Einzel-, Partner- und Geräteübungen, die die Gesundheit stabilisieren und zur Verbesserung der allgemeinen Kondition beitragen.
127 Seiten, 126 Farbfotos, 188 s/w-Fotos, 4 Zeichnungen

blv sportpraxis 217
Dieter Melzig/Martin Sklorz

richtig fitnesstraining

Gesundheit und Medizin, Trainingsgrundsätze, Trainingsaufbau und -formen, Ausdauer, Beweglichkeit, Spiele, Fitlife-Programm ABS 90.
3. Auflage, 127 Seiten, 46 Farbfotos, 55 s/w-Fotos, 25 Zeichnungen

blv sportpraxis 221
Alexander Kölbing/Kurt Seifert

richtig angeln

Ausrüstung, Methoden, Angelfische des Süßwassers, Fischwasser, Umweltschutz, Gewässerwirtschaft, Fischerprüfung.
3. Auflage, 127 Seiten, 76 Farbfotos, 8 s/w-Fotos, 12 Zeichnungen

---

In unserem Verlagsprogramm finden Sie Bücher zu folgenden Sachgebieten:
Garten und Zimmerpflanzen · Natur · Haus- und Heimtiere · Angeln, Jagd, Waffen · Sport und Fitness · Pferde und Reiten · Wandern und Alpinismus · Auto und Motorrad · Essen und Trinken, Gesundheit · Basteln, Handarbeiten, Werken.
Wünschen Sie Informationen, so schreiben Sie bitte an:
BLV Verlagsgesellschaft mbH, Postfach 40 03 20, 8000 München 40.

BLV Verlagsgesellschaft München